すぐに役立つ	入門図解
	最新

パート、副業、高齢者雇用、派遣、請負契約の法律知識

社会保険労務士
近藤 美穂 [監修]

三修社

本書に関するお問い合わせについて

　本書の記述の正誤に関するお問い合わせにつきましては、お手数ですが、小社あてに郵便・ファックス・メールでお願いします。大変恐縮ですが、お電話でのお問い合わせはお受けしておりません。内容によっては、お問い合わせをお受けしてから回答をご送付するまでに1週間から2週間程度を要する場合があります。
　なお、記述の正誤以外のご質問、本書でとりあげていない事項についてのご質問、個別の案件についてのご相談、監修者紹介の可否については回答をさせていただくことができません。あらかじめご了承ください。

はじめに

　現代は働き方が多様化しており、パートタイマー、アルバイト、契約社員、派遣労働者など、正社員以外の非正規社員の労働力が効率的に活用されています。また、個人請負（フリーランス・ギグワーカーなど）を活用する企業や外国人労働者を活用する企業も増えています。

　非正規社員として働く人の中には、ゆくゆくは正社員になることを望んでいる人もいますが、「扶養控除の範囲内で働きたい」など、融通の利く働き方を求める人もいます。また、子育てや介護との両立など、家庭生活における事情から非正規社員を選ぶ人もいます。

　非正規社員は、正社員と比較して一般的に賃金が低く、職業能力の訓練の機会にも恵まれていないのが実情ですが、適切な待遇・教育を行うことが、企業の業績の向上にもつながるといえます。

　本書では、「パートタイム・有期雇用労働法」「高年齢者雇用安定法」「労働者派遣法」「フリーランス新法」など、非正規社員の雇用管理を行う上で必要な法律知識を平易に解説しています。

　採用、退職、労働時間、賃金、解雇、雇止めなどの起こりがちな法律問題はもちろんのこと、継続雇用制度、近年増加している副業・兼業による複数事業所就業者の労働時間の算定や労災、社会保険など、非正規社員の雇用管理を行う上で知っておくべき法律知識を平易に解説しています。

　この他、請負（個人請負）、業務委託についても解説を加えています。令和6年10月施行の「短時間労働者に対する健康保険・厚生年金保険の適用拡大」や、令和10年10月1日に開始予定の「雇用保険の適用拡大」、パートタイマーの所得調整・年末調整・社会保険に関する「年収の壁問題」など、法改正にも対応しています。

　本書を活用していただき、非正規の立場で働く労働者の皆様や、経営者・雇用管理の事務担当者の皆様のお役に立てていただければ、監修者としてこれに勝る喜びはありません。

　　　　　　　　　　　　　監修者　社会保険労務士　近藤　美穂

Contents

はじめに

第1章 パートなどさまざまな働き方の基本

1 非正規社員にもいろいろある　　10
　相談 更新を繰り返している場合のトラブル　　13
　相談 解雇でもめる場合　　14
2 パートタイマーとはどんな仕事なのか　　15
3 副業・兼業によって本業以外の仕事で収入を得る　　19
4 高年齢者雇用安定法とはどのような法律なのか　　23
5 労働者派遣とはどのようなものなのか　　28
6 請負契約について知っておこう　　30

第2章 パートタイマーの法律と実務ポイント

1 パートタイマーをめぐる法律について知っておこう　　36
2 契約期間のルールについて知っておこう　　40
　書式 パートタイム雇用契約書（就業規則のない場合）　　44
　相談 契約期間内の退職　　47
　相談 有期労働契約の無期労働契約への転換　　48
3 パートタイマーと就業規則について知っておこう　　49
　書式 パートタイム労働者の就業規則　　54
　相談 準備時間と労働時間　　64
　相談 休憩時間　　64
　相談 労働時間や休憩時間の変更　　65
　相談 パートタイマーの配置転換や転勤　　66
　相談 パートタイマーに対する研修・訓練　　67

4　求人や契約時に注意すべき点は何か	68
書式　労働条件通知書	72
相談　求人広告記載の労働条件	77
相談　研修に対する賃金の有無	77
相談　試用期間中の解雇	78
相談　試用期間中の残業代	79
相談　年少者の労働制約	80
相談　障害者の就労支援	81
相談　外国人労働者の在留資格や待遇	82
相談　外国人労働者を雇うには	84
相談　技能実習制度	85
相談　育成就労制度	86
5　パートタイマーも社会保険・労働保険に加入できる	88
書式　健康保険厚生年金保険被保険者資格取得届	93
書式　雇用保険被保険者資格取得届	94
相談　パートタイマーと通勤災害	95
相談　パートタイマーの健康診断	96
相談　パートタイマーの休職	98
6　休暇について知っておこう	99
相談　育児と労働時間	104
相談　子の看護等休暇	106
相談　シフト制における有給休暇の取得	107
相談　時間単位年休制度	108
7　賃金について知っておこう	109
相談　賃金の出来高払い	113
相談　給料の決め方	114

	相談	ミスの多い従業員への対処	116
	相談	遅刻による減給	118
	相談	勤務時間中の怠慢行為	120
	相談	懲戒規定	120
	相談	休業手当	122
	相談	パートタイマーに対する割増賃金	123
	相談	パートタイマーに対する残業の強制	124
	相談	深夜割増	125

8 所得調整・年末調整について知っておこう　126
　　相談　源泉徴収のしくみ　129

9 有期労働契約の更新にはどんな注意点があるのか　131
　　相談　解雇予告手当　134
　　相談　雇止めの理由　136
　　相談　労働条件の変更　137
　　相談　契約の更新と契約期間　138

10 契約を途中解除するとどうなるのか　139
　　相談　パートタイマーに対する退職金　141
　　相談　パートタイマーの整理解雇　141
　　相談　退職勧奨　144
　　相談　退職の申出　145
　　相談　退職したときの社会保険・雇用保険の届出　146

11 パートタイマーを正社員にする際に注意すべき点は何か　147

12 短時間・地域限定正社員制度について知っておこう　150

第3章　副業・兼業の法律と実務ポイント

1 副業・兼業の促進に関するガイドラインの概要　154

2	複数の事業所で働く場合の労働時間の通算について知っておこう	157
3	副業・兼業と労災保険について知っておこう	162
	書式　休業補償給付支給請求書	166
	書式　療養補償給付及び複数事業労働者療養給付たる療養の給付請求書	172
	書式　療養補償給付及び複数事業労働者療養給付たる療養の費用請求書	174
	書式　障害補償給付　複数事業労働者障害給付支給請求書	176
	相談　副業と労災認定	178
4	副業・兼業と雇用保険、社会保険について知っておこう	179
	書式　健康保険・厚生年金保険 被保険者所属選択・二以上事業所勤務届	182

第4章　高年齢者雇用の法律と実務ポイント

1	継続雇用制度について知っておこう	184
2	さまざまなタイプの再雇用制度がある	189
	相談　嘱託契約	193
3	再雇用制度を導入する場合の注意点について知っておこう	194
4	勤務延長制度導入の注意点について知っておこう	198
5	再雇用制度・嘱託雇用を実施するための書式	202
	書式　再雇用制度実施規程	203
	書式　嘱託契約書	204
6	嘱託社員用の就業規則を作成する	206
	書式　嘱託社員規程	207

第5章　労働者派遣の法律と実務ポイント

1	派遣契約の特徴と適用される法律を知っておこう	212
2	派遣元に課せられる規制について知っておこう	214

|相談| 派遣労働者の待遇についての規制　218
3　派遣契約書について知っておこう　220
　　|相談| 派遣契約の業務の範囲　222
4　派遣期間の原則と例外について知っておこう　223
5　派遣先が派遣労働者を使用する際の注意点を知っておこう　226
6　派遣先都合で派遣契約を途中で解除する場合はどうしたらよいのか　230
7　派遣先責任者はどんな仕事をするのか　234
　　|資料| 派遣先管理台帳のサンプル例　237
8　紹介予定派遣について知っておこう　239

第6章　請負・業務委託の法律と実務ポイント

1　フリーランス活用のメリット・デメリット　244
　　|相談| 請負社員　246
　　|相談| 正社員から請負社員への変更　247
　　|相談| 正社員から契約社員への変更　248
2　フリーランス新法について知っておこう　249
　　|書式| 発注書　255

第1章

パートなどさまざまな働き方の基本

1 非正規社員にもいろいろある

非正規社員の労務管理は企業にとって重要な問題である

■■ 非正規社員が多様化している

　非正規社員とは、正社員以外の労働者のことで、契約社員、嘱託社員、派遣社員、パートタイマー、アルバイトなど形態はさまざまです。非正規社員の増加は、古くは1950年代の高度経済成長期の人手不足解消のために臨時社員が多く雇われたことにさかのぼります。その後も、派遣社員やパートタイマーなどの割合が増加し、それに比例して非正規社員の形態も多様化していきました。

　非正規社員が多様化したことで、とくに女性の社会進出が促進されたと言われています。雇用の選択肢が広がり、時間に制約がある主婦も働くことが可能になりました。現在では、男性を含めて育児や介護と両立しながら働く非正規社員が増えています。

■■ なぜ正社員雇用が進まないのか

　総務省の「労働力調査」によると、正社員および非正規社員の数は、両者ともに増加の傾向を示しており、女性の就業者数については過去最多となっています。ただ、一部の業種（建設業、製造業など）では人手不足感が高まっているにもかかわらず、雇用が伸び悩んでいます。

　既婚者の中には「扶養控除の範囲内で働きたい」「生活のために必要な分だけ稼ぎ、家族との時間を重視したい」など、融通の利く働き方を求める人もいます。また、介護との両立など、生活における事情から契約社員やパートタイマーなどを選ぶ傾向が見られます。さらに、現在、人材不足と言われる企業にとっても、賃金など、さまざまな面からすると非正規雇用としての雇用を望む場合が多いといえます。

少子高齢化の影響により、正社員の若者が減少する一方で、定年退職後も嘱託社員や契約社員として働く高齢者が増え続けていることも、正社員雇用が進まない原因のひとつと言われています。

　そして、正社員雇用が進まない最大の原因は、企業の人件費の抑制にあるといえるでしょう。企業の経営は、売上拡大と費用削減という「効率経営」を重視しています。その流れの中で、育成に時間と経費がかかり、福利厚生費などの負担が大きい正社員の雇用を減らすことで、費用削減を図るという選択をする企業もまだ多く存在します。その結果、正社員を望む労働者が正社員になることができず、非正規社員が増加するという図式ができあがります。

　非正規社員の増加により、正社員のみの企業はむしろ珍しくなっています。その分、企業の中で非正規社員が重要な役割を果たしているケースが増加し、企業にとっては、非正規社員の労務管理や非正規社員とのトラブル防止が重要な課題となりつつあります。

働き方改革関連法による公正な待遇の確保

　平成31年（2019年）4月1日より「働き方改革を推進するための関係法律の整備に関する法律」（働き方改革関連法）が順次施行されて

正社員雇用が進まない理由とは

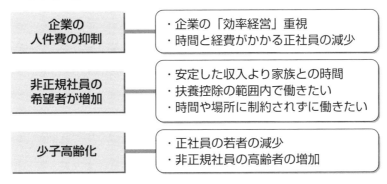

第1章 ◆ パートなどさまざまな働き方の基本　11

きましたが、働き方改革関連法には、以下の３つの主要な目的があります。
① 働き方改革の総合的で継続的な推進
② 長時間労働の是正と多様で柔軟な働き方の実現等
② 雇用形態にかかわらず労働者の公正な待遇を確保する

　このうち、③の目的が非正規社員にとって重要になっています。なぜなら、従来から非正規社員は正社員との格差問題に直面していたからです。「正社員には支給される手当が、非正規社員には支給されない」といった格差が実際に存在します。とくに同じ内容の仕事をしている正規社員と非正規社員との間で、異なる賃金体系を組んで非正規社員の賃金を少なくすることは「同一労働同一賃金」の原則に反する恐れがあります。

　働き方改革関連法に伴うパートタイム労働法改正により、「有期雇用労働者」が適用対象に追加され、「短時間労働者及び有期雇用労働者の雇用管理の改善等に関する法律」（以下パートタイム・有期雇用労働法）として、雇用管理の改善等に関する措置（賃金、教育訓練の実施、福利厚生の充実、通常の労働者への転換の推進に関する措置など）の規定を置いています。有期雇用労働者とは「事業主と期間の定めのある労働契約を締結している労働者」（パートタイム・有期雇用労働法２条２項）と定義されており、フルタイムで働く非正規社員（契約社員、嘱託社員など）も適用対象に含まれます。その上で、短時間労働者・有期雇用労働者に関する正社員との不合理な待遇の禁止に関する規定を置く（パートタイム・有期雇用労働法８条）など、使用者が短時間労働者・有期雇用労働者を雇用する際に従うべきルールが整備されています。

相談　更新を繰り返している場合のトラブル

Case　非正規社員として、繰り返し契約が更新されていたとしても、正社員とは異なり、解雇に関する規制が及ばないのでしょうか。

回答　経営者は、契約更新をしないことで雇用契約を打ち切りにすることができるため、雇用調整対策として、パートタイマーなどの非正規社員の契約期間を短めに設定する場合があります。

非正規社員との間で有期契約を結んだ場合、契約期間が満了した時点で労働契約は終了しますが、契約の更新が行われることで、非正規社員は引き続き働き続けることができます。そして、過去に繰り返し契約の更新が行われ、労働者が契約の更新を期待する一定の要件がそろっている場合、労働契約法19条の規定（雇止め法理）に基づいて、会社は、その非正規社員との契約を更新しない（雇止めをする）ときに、正社員を解雇するのと類似した合理性と社会通念上相当な理由が求められることがあります（次ページ）。

その他にも、労働契約法では、やむを得ない理由がない限り、契約期間の満了前に解雇できないことや、必要以上に短期間の契約更新をしない配慮が必要であることを定めています（17条）。会社としては、有期契約を締結する時に、契約の更新についての基準を労働者にできるだけ明確に伝えておくことが重要です。

また、派遣労働者に対して契約の更新を繰り返すことについても注意が必要です。同じ組織内（部署や課など）で、有期雇用の派遣社員を継続して3年を超えて働かせることが禁止されているからです。有期雇用の派遣社員を同じ組織内で3年を超えて継続雇用させる場合は、派遣元がその派遣社員と無期雇用の契約を締結するなど、派遣労働者の雇用安定のための措置をとることが必要です。ただし、3年以内に組織を異動させた場合は、それ以後も派遣労働が認められます。

相談 解雇でもめる場合

Case 非正規社員は、契約の更新が行われなければ、とくに理由も示されないまま、仕事を辞めなければならないのでしょうか。「雇止め」のルールについて教えてください。

回答 非正規社員との有期契約において、契約期間の満了をもって、契約の更新を拒否することを「雇止め」といいます。

雇止めに関しては、労働契約法19条の規定（雇止め法理）により、①契約の更新が繰り返されており、雇止めが正社員の解雇と同視できる場合であるか、②労働者が契約の更新を期待することに客観的に合理的な理由があるかのどちらかである場合は、客観的合理性と社会通念上相当な理由のない雇止めが無効となる（従前の労働条件と同一の条件で契約が更新されたとみなされる）ことに注意を要します。「有期労働契約の締結、更新及び雇止めに関する基準」によれば、雇止めが無効とされることを防ぐには、次の措置をとる必要があります。

ⓐ 労働契約の締結時に更新の有無や更新の判断基準を明示
ⓑ 3回以上更新または1年超の継続勤務をしている従業員に対して雇止めを行う場合は、少なくとも30日前にその予告を行う
ⓒ 雇止めの理由明示の請求があったときは速やかに証明書を交付

なお、契約期間の途中でクビにするのは解雇なので、労働契約法の解雇権濫用法理や、労働基準法の解雇制限などが適用されます。

派遣労働者の場合も、たとえば、派遣先との労働者派遣契約が打ち切られた場合、派遣元がそれを理由にして派遣社員に「辞めてほしい」というケースでは、派遣元は派遣社員の別の就労先を探す義務があります。もし、やむを得ない理由で解雇する場合であっても、30日以上前の解雇予告または30日分以上の解雇予告手当の支給が必要です。

2 パートタイマーとはどんな仕事なのか

パートタイマーには時給制や短時間労働などの特徴がある

■ 雇用形態はさまざま

　パートタイマー（パート）の一般的なイメージとしては、コンビニやスーパーといった店舗で働く場合を思い浮かべる人も多いと思います。その他、時給制で働く人、短時間だけ働く人という特徴を挙げることができます。しかし、「パートタイマー」という名称の雇用形態を定義する法律は存在せず、仕事内容、労働環境などによって正社員と区別されるものではありません。

　パートタイマーの語源は、英語の「part-timer」であるとされ、時間を区切る働き方という意味合いで使われています。たとえば、「週3日、午後6時から午後10時まで」「週5日、午前10時から午後2時まで」というように、労働者が自分の都合の良い時間で雇用される形が中心になります。そして、どのような労働者が「パートタイマー」であると考えるべきかについては、行政機関の調査によっても異なりますし、パートタイマーの問題を議論する人によっても異なります。ただ、大まかにいうと、正社員と比べて短時間で働く労働者がパートタイマーである、と考えておけば間違いにならないようです。

　この点について、パートタイム・有期雇用労働法では、短時間労働者のことを「1週間の所定労働時間が同一の事業主に雇用される通常の労働者の1週間の所定労働時間に比し短い労働者をいう」と定義しています（2条）。短時間労働者が常にパートタイマーをさすとは限りませんが、1つの目安になります。

　現在の日本の社会を見渡すと、雇用契約上はパートタイマーという名称でも、正社員と同様の時間帯や時間数で働いている人もいますし、

第1章 ◆ パートなどさまざまな働き方の基本　15

場合によっては残業をこなす人や、正社員と同等の業務をこなす人もいます。しかし、雇用形態が「正社員ではない」という理由で、正社員よりも低い待遇で働いているパートタイマーも多いのが実態です。このような待遇差を解消するため、平成30年（2018年）成立の働き方改革関連法に伴い、改正法では、短時間・有期雇用労働者と正社員との不合理な待遇差や差別的取扱いを禁止する旨が明確化され（均衡待遇規定・均等待遇規定、38ページ）、同一労働同一賃金を指向しています。

平成30年12月に、改正法に基づく「同一労働同一賃金ガイドライン」が公布、令和3年4月1日には全面施行されています。この指針では、いかなる待遇差や差別的取扱いが不合理となるか否かなどの原則的な考え方や具体例を示しています。

なお、パートタイマーの給与は、1時間単位の時間給で定めるのが通常です。一方、雇用期間は、3か月、半年、1年ごとに更新する場合や、期間の定めがない場合（無期雇用）などさまざまですが、一般的には、ある程度長期間働いてもらえることを見込んで、パートタイマーとして雇用するケースが多いようです。

■■ アルバイトとの違いは

パートタイマーが時間を区切った労働であることや、給与が時間給であることなどからすると、非常に区別しにくいのがアルバイトという雇用形態です。パートタイマーについて明確な定義がないのと同様、

■ パートタイマーとは

法律上の定義		例
「1週間の所定労働時間が同一の事業主に雇用される通常の労働者の1週間の所定労働時間に比べて短い労働者」		・スーパーのレジ係 ・コンビニの店員 ・工場の作業員　など

アルバイトについてもその定義をしている法律はありません。パートタイマーとアルバイトは単に呼び方だけが違うともいえるのです。たとえば、総務省が発表する「就業構造基本調査」では、パートとアルバイトの統計資料が区別されていますが、これは雇用をする企業側が両者を区別していることに由来しているにすぎません。

ただ、一般的にはパートタイマーといえば主婦層、アルバイトといえば「学生など」というイメージがあります。このイメージから察すると、パートタイマーは家計の足しなどのために、ある程度継続的に働きたい人を時間単位で雇用する形態であるのに対し、アルバイトは学業や正社員など別の正業を持っていて、その上で副収入を得たい人を時間単位で雇用する形態であると区別することができるでしょう。

もっとも、最近は「フリーター（フリーアルバイター）」といって、正業を持たないまま、アルバイトだけで生計を立てている人が増えていますので、その意味ではパートタイマーとアルバイトの垣根はさらになくなってきているといえます。

■ パート・アルバイトも労働者である

正社員とパートタイマーやアルバイトとの違いは何でしょうか。業務内容、就業時間、昇給などについて、正社員とパートやアルバイトとの間に違いを設けることは、各企業の裁量に任されており、そのこと自体は法律などの規制があるわけではありません。正社員よりも専門性の高い業務をこなすパートタイマーや、正社員の就業時間以上に勤務するアルバイトがいてもかまわないわけです。

しかし、年次有給休暇（有休）、1週1日の法定休日、1日8時間および1週40時間の法定労働時間などについては、パートタイマーやアルバイトも正社員とまったく同様に、労働基準法による規制を受けます。これはパートタイマーやアルバイトも、労働基準法が定める「労働者」として判断されるからです。

労働基準法9条では、労働者のことを「職業の種類を問わず、事業または事務所に使用される者で、賃金を支払われる者」と定義しています。パートタイマーやアルバイトも、企業との間で労働契約（雇用契約）を結び、労働力を提供して賃金（給与）をもらうわけですから、正社員と同様に「労働者」として、労働基準法をはじめとする労働関係の法律による保護を受けることは明らかです。

　そうすると、正社員とパートタイマーやアルバイトとの違いは、給与体系、勤務場所、契約期間などの労働条件の違いだけということになります。この点については、雇用する企業側だけでなく、当事者のパートタイマーやアルバイトの側も認識していないことが意外に多いようです。年次有給休暇、育児休業、介護休業など、これらを取得する要件を満たしているのに、「パートタイマーだから、あるいはアルバイトだから」という理由で取得させないでいると、法律違反となるので注意が必要です。

■ パートタイマーとアルバイトと正社員の違い

	正社員	パートタイマー	アルバイト
雇用期間	期間の定めなし	期間の定めあり	期間の定めあり
賃金形態	日給月給、月給、年俸制	時間給、日給	時間給、日給
1日の労働時間	フルタイム	短い	
年次有給休暇	有	有	有
賞与	会社の判断による	会社の判断による	会社の判断による
交通費（通勤費）	会社の判断による	会社の判断による	会社の判断による
昇給制度	会社の判断による	会社の判断による	会社の判断による
退職金	会社の判断による	会社の判断による	会社の判断による
定年	有	無	無
福利厚生	有	一部有	一部有
社会保険	有	一部有	一部有

※違いについては、実際とは必ずしも一致しない場合がある。

3 副業・兼業によって本業以外の仕事で収入を得る

副業・兼業は自由に行うことができるわけではないことに注意

■ 副業・兼業とは

　副業や兼業に明確な定義があるわけではありませんが、一般的にはどちらも「本業以外で収入を得る仕事」という意味で用いられています。副業と兼業を厳密に区別し、企業と雇用契約を結んで労働者として働く場合を副業と呼び、個人事業主として請負契約などを結んで業務を行う場合などを兼業と呼ぶこともありますが、本書では、副業と兼業を区別せずに、本業以外で収入を得るという働き方のことを意味するものとして、「副業・兼業」という表現を使用します。

　副業・兼業にはさまざまな形態がありますが、その全般について法的な規制があるわけではありません。企業と雇用契約を結んで労働者として働く場合には、副業・兼業であっても労働基準法などの労働法規が適用されますし、本業の使用者との関係にも影響を及ぼします。日本では欧米に比べて会社の開業率が低いことや、少子高齢化による労働力の減少などが課題として挙げられています。これらの課題に対して副業・兼業を推進していくことは、起業の促進や、慢性的な人手不足の解消に有効だと考えられています。

■ 労働者はどのような場合に副業を行うことができるのか

　会社員である労働者は、必ずしも自由に副業・兼業を行うことができるわけではありません。会社が就業規則などにおいて社員の副業・兼業を「原則禁止」または「会社の許可が必要」と規定している場合もあります。ただし、憲法では「職業選択の自由」を保障しており、わが国の法令上、副業・兼業の禁止が明記されているのは公務員だけ

第1章 ◆ パートなどさまざまな働き方の基本　19

であって、民間企業に勤務する労働者の副業・兼業を禁じる規定はありません。労働基準法に副業を禁止する規定がないことを知らない人が多いかもしれませんが、副業・兼業に関する裁判例は、労働者が労働時間以外の時間をどのように利用するかは、基本的には労働者の自由であるとしています。ただし、就業規則や労働契約などで副業・兼業を禁止することが法的に一切認められないわけではありません。営業秘密の保持などを重視して、就業規則などで副業・兼業を禁止するにとどまらず、会社の許可なく行った副業・兼業について、就業規則などで懲戒事由にしていることもあります。

　会社側が副業・兼業を禁じる理由としては、「副業・兼業をすると、疲れがたまって本業に支障をきたす」「副業・兼業先で本業の情報が漏えいする恐れがある」「残業や休日出勤ができなくなる」などが挙げられます。副業・兼業を禁止している就業規則を破って、会社側から懲戒処分（減給処分や懲戒解雇処分など）を受けた労働者が、その処分の無効を主張して訴訟を提起した場合、前述のような理由で会社に損害を与えたり、労務の提供に支障が生じる恐れがあるときには、会社側の懲戒処分の適法性が認められる可能性があります。

■ **本業と副業の関係**

会社　　　　【雇用（労働）契約】　　　　労働者

業務に従事　本業

副業　アルバイト　事業の経営　など

・合理的な理由がない限り、副業を制限又は禁止することはできない
・副業制限の形態としては、全面禁止の他、許可制や届出制もある

副業・兼業によって会社に対して不利益が生じる恐れがあるとはいえない場合には、基本的には、労働者の副業・兼業を制限することはできず、副業・兼業をすることは懲戒事由にあたらないと考えられます。したがって、就業規則における副業・兼業の禁止・制限規定が常に有効だとは限らず、たとえ当該規定が有効だとしても、当該規定に違反した労働者を常に懲戒処分にできるとは限りません。

　なお、副業・兼業について許可または届出を条件とする会社も存在します。許可条件として、業種を制限したり、時間や日数を制限することも考えられます。この場合、会社は副業・兼業の是非を判断でき、労働者も懲戒処分を恐れず副業・兼業をすることができます。

■ 副業・兼業制限とは

　前述したように副業・兼業を認めることで会社のリスクが高まる場合には、それを制限もしくは禁止することができます。これを副業制限（兼業制限）といいます。反対に、会社へのリスクがないと判断できる場合には、副業・兼業を認める必要があります。

　一般的に、裁判例などにおいて副業・兼業制限を設けることができる理由として、以下のようなものがあります。

■ 副業を制限できる場合（公務員を除く）

　　原　則 ➡ 副業を許可しなければならない
　　例　外 ➡ 合理的な理由がある場合には、副業を制限
　　　　　　　または禁止することができる

> 副業を制限または禁止できる場合の例
> ①不正な競業や情報漏えいの恐れがある場合
> ②本業の会社の社会的信用を傷つける恐れがある場合
> ③長時間労働などで本業に支障（健康を害するなど）が生じる恐れがある場合

① 不正な競業や情報漏えいの恐れがある場合

競合他社での就業は、意図するかしないかにかかわらず、本業の会社の機密情報漏えいなど、本業の会社の利益を害する恐れがあります。特に従業員が競合他社への転職や起業の準備として副業・兼業をする場合には、情報漏えいなどの恐れが一層高まります。

② 本業の会社の社会的信用を傷つける恐れがある場合

副業・兼業先の会社について、たとえば、反社会的勢力との関連が疑われる会社で働くことは、本業先の会社の社会的信用を傷つける恐れ（会社の名誉・信用の侵害や信頼関係破壊の恐れ）があります。社会的信用を大切にする会社では、従業員がそういった会社で働いていることが公にされると、会社のイメージがダウンして売上が落ち込む可能性があります。

③ 長時間労働などで本業に支障が生じる恐れがある場合

副業・兼業をすると、必然的に労働時間が長くなるため、本業中において居眠りが増える、集中力が途切れてミスを頻発するなど、本業に支障をきたす恐れがあります。さらには、長時間労働が原因で従業員自身の健康が害される可能性もあります。

■ 副業・兼業を始める手順

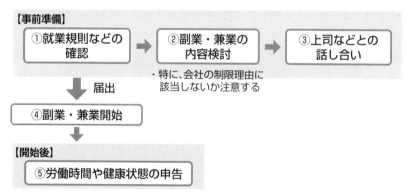

4 高年齢者雇用安定法とはどのような法律なのか

高年齢者の雇用を確保する法律である

■高年齢者の雇用の安定、再就職の促進を目的とした法律

　高年齢者雇用安定法（高年齢者等の雇用の安定等に関する法律）とは、高年齢者の雇用の安定や再就職の促進などを目的とした法律です。高年齢者の定年に関する制限、高年齢者の雇用確保のために事業者が講じるべき措置、高年齢者雇用等推進者の選任といった事柄が定められています。

　医療技術の発展による長寿化や少子高齢化の進展により、日本は世界でも未曾有の超高齢社会へと突き進んでいます。これらは、年金や医療などの社会保障財政のひっ迫の原因となり、年金支給年齢の引上げや医療費の自己負担増など、60歳を超えても働かないと生活が困難な状況となっています。一方、「令和6年度版高齢社会白書（全体版）」によると、仕事をもつ60歳以上の人の約9割が「働けるうちはいつまでも」「70歳くらいまで、またはそれ以上働きたい」と考えており、就労意欲は高いことがわかります。

　高年齢者雇用安定法では、65歳未満の定年制を採用している事業主に対し、①定年の引上げ、②継続雇用制度（高年齢者が希望するときは定年後も引き続き雇用する制度）の導入、③定年制の廃止、のいずれかを選択する義務を課し、高齢になっても働けるような労働環境を保障しています。

　また、令和3年4月からは70歳までの就業確保措置（次ページ）が事業者の努力義務（法律に定められていることを行うように努力する義務のこと）となっています。

第1章 ◆ パートなどさまざまな働き方の基本

■ 定年年齢や雇用確保措置についてどのように規定されているのか

高年齢者雇用安定法では、高齢になっても働けるようにするため、以下の重要な規定があります。

① 定年年齢を定める場合

労働者の定年を60歳未満とすることはできないことが定められています（8条）。すべての会社が必ず定年の定めをする必要があるわけではありませんが、あくまで定年を定める場合は60歳以上にするという規定です。

② 60～65歳の高年齢者の雇用確保措置

65歳未満の年齢を定年と定めている企業は、高年齢者の雇用を確保するために、定年年齢の引上げ、継続雇用制度の導入、定年制の廃止のいずれかの措置を講じる必要があります（9条）。このうち、継続雇用制度の導入とは、労働者の希望に応じて定年後も雇用を続ける制度のことをいいます。

■ 雇用確保措置はどのように行うのか

雇用確保措置については、①定年年齢の引上げ、②継続雇用制度の導入、③定年の定めの廃止、の中から会社の状況に合わせ選択することになります。この中で最も多く選択されているのが②継続雇用制度の導入です。

継続雇用制度は、さらに「再雇用制度」と「勤務延長制度」の2つに分けることができます。再雇用制度は、定年で一度退職し、再度雇用契約を行う制度です。一方の勤務延長制度は、定年を迎えても退職せず、そのまま雇用を続ける制度です。

雇用確保措置は、労働契約や就業規則などで定めることによって実施します。定年の延長、定年制の廃止をする場合には、就業規則の内容を変更することが必要になります。

継続雇用の場合も同様に、就業規則を作成して実施することができま

す。再雇用制度や勤務延長制度について、具体的なことは別途、「定年後再雇用規程」などを設けて、就業規則の別規程とすることも可能です。

このように雇用確保措置は事業主の義務ですから、公共職業安定所（ハローワーク）の指導を繰り返し受けたにもかかわらず具体的な取組みを行わない企業については、勧告書の発出、それにも従わない場合には、企業名の公表が行われる可能性があります。

■ 70歳までの就業確保措置

前述のように雇用確保措置として、①定年年齢の引上げ、②継続雇用制度の導入、③定年の定めの廃止、のいずれかを実施することで、希望者全員に対して65歳までの雇用を義務としています。これに対して、70歳までの就業確保措置を努力義務とする法改正が、令和3年4月から施行されています。企業にとっては、65歳までは雇用確保措置が義務づけられ、さらに、70歳までの就業確保措置が努力義務（法律に定められていることを行うように努力する義務のこと）として課されたということになります。ただし、今後は70歳までの就業確保措置

■ 事業主がとるべき雇用確保措置

◎定年を60歳未満とすることはできない
◎65歳未満の定年制を採用している事業主（企業）は、高年齢者の雇用確保措置として、下記の①～③のいずれかの措置をとらなければならない

①	定年を「65歳」まで引き上げる	
②	定年を60歳等以上として、継続雇用制度の対象者を「65歳」まで引き上げる	【継続雇用制度】現に雇用する高年齢者が希望する場合、その高年齢者を定年後も引き続き雇用する制度
③	定年制を設けない	

※必ずしも65歳定年制を採用すべきわけではない（②③の措置でもよい）。
※②の継続雇用制度については、平成25年3月末までに労使協定により制度の対象となる高年齢者についての（選定の）基準を定めていた場合は、令和7年3月末まで対象高年齢者の範囲を段階的に引き上げる経過措置が設けられていた。

第1章 ◆ パートなどさまざまな働き方の基本

が広く導入されることに合わせて、努力義務から義務に変わっていく可能性はあります。

また、「就業」という表現が使われる理由は、70歳までは必ずしも上記の①〜③のような「雇用」という形で行う必要はなく、業務委託や社会貢献活動に従事する制度（創業支援等措置）を導入すれば、足りることになっているからです。これは、70歳ともなると、身体的衰えや生活スタイルなどが多様化し、それに合わせた柔軟な働き方を選択できるようにした方がよいと考えられているためです。

■■ 高年齢者雇用等推進者の選任や雇用状況等の報告

高年齢者雇用安定法では、65歳までの雇用確保措置や70歳までの就業確保措置の促進を円滑に推進するため、作業施設の改善などを担う高年齢者雇用等推進者を選任するよう規定しています（11条）。高年齢者雇用推進者の選任は、努力義務ですので、選任しなかったからといって何らかの制裁を受けるわけではありません。

また、事業主は、毎年、6月1日現在において雇用している高年齢者の状況、定年や継続雇用制度、創業支援等措置などの状況について管轄公共職業安定所に提出する必要があります（52条）。この届出は、従業員が20名以上の企業が毎年7月15日までに行う必要があります。

■■ 再就職援助措置などの実施

高年齢者雇用安定法では、高年齢者の再就職の促進、高年齢者が退職した場合に就業の機会の確保などの措置を取ることも規定しています。

具体的には、再就職援助措置（15条）と求職活動支援書の作成（17条）が挙げられます。

再就職援助措置では、定年や事業主都合によって高年齢者の解雇を行い、その高年齢者が再就職を希望した場合、事業主は求人の開拓や再就職の援助に努めなければなりません。また、この場合、求職活動支援

書を作成し、高年齢者に交付しなければなりません。具体的には、高年齢者の職務の経歴、職業能力（資格、免許、技能等職業能力）などを記載し、公共職業安定所と協力して、高年齢者の再就職の援助をします。

■ 募集、採用時に年齢制限を行うことは原則禁止されている

労働者の募集や採用にあたり、65歳以下の年齢を下回ることを条件にする場合は、その理由を示さなければなりません。年齢制限を行う理由として認められるものは、「労働者の募集及び採用について年齢に関わりなく均等な機会を与えることについて事業主が適切に対処するための指針」に具体例が示されています。たとえば、長期勤続によるキャリア形成を図るためや、事業活動の承継や技能・ノウハウ等の継承を目的として、特定の職種の特定の年齢層の労働者を対象として募集や採用を行う場合などが該当します。

■ 高年齢者雇用安定法が定めるおもな内容（定年年齢に関するもの以外）

高年齢雇用等推進者の選任（11条）※1	65歳までの雇用確保措置や70歳までの就業確保措置を円滑に進めるため高年齢者雇用等推進者を選任する。
再就職援助措置（15条）※1	解雇等により離職する高年齢者等（※2）が再就職を希望する場合、求人の開拓など再就職の援助を行う。
多数離職の届出（16条）	1か月に5人以上の高年齢者等（※2）が解雇により離職した場合、公共職業安定所へ届出を行う。
求職活動支援書の作成（17条）	解雇等により離職する高年齢者等（※2）が再就職を希望する場合、再就職援助措置を明らかにする書面を作成する。
募集・採用時についての理由の提示（20条）	やむを得ない理由で一定の年齢を下回ることを条件にする場合、その理由を提示する。
雇用状況の報告（52条）	高年齢者の雇用状況などを毎年7月15日までに公共職業安定所へ提出する。

※1　11条、15条は努力義務。
※2　高年齢者等とは45歳以上の者を指す。高年齢者は55歳以上の者を指す。

5 労働者派遣とはどのようなものなのか

三者が関わる契約である

■■ 派遣社員、派遣元、派遣先の三面関係となる

　正社員として働く場合は、労働者と雇用主である企業（会社）の間で直接雇用契約が結ばれます。

　これに対して、派遣社員（派遣労働者）として働く場合、労働者と雇用主だけではなく、派遣社員と派遣元企業（派遣元事業主）や派遣先企業（派遣先事業主）が関わります。このような雇用形態を労働者派遣といいます。労働者派遣は、労働者と雇用主の一対一の関係と異なり、労働者である派遣社員を雇用している派遣元企業と、派遣社員が実際に派遣されて働く現場となる派遣先企業の三者が関わる雇用形態です。労働者派遣は三者が関わるため、正社員や非正規社員の直接雇用と比べると少し複雑な雇用関係になります。

　正社員の場合には、正社員である労働者が労働力を提供し、労働力に対する対価である賃金を雇用主が支払う労働契約（雇用契約）を結びます。派遣社員の場合には、派遣元企業と派遣社員の間で雇用契約が交わされますが、派遣社員が労働力を提供する相手は派遣先企業になります。派遣先企業は、派遣社員に対して業務に関連した指揮や命令を出します。派遣社員に対する賃金は派遣元企業が支払います。

　なお、派遣元企業と派遣先企業の間では、派遣元企業が派遣先企業に労働者を派遣することを約束した労働者派遣契約が結ばれます。

■■ 三者の関係にはメリット・デメリットがある

　労働者派遣では、派遣社員が実際に働く場所は派遣先企業ですが、派遣先企業と派遣社員の間には雇用関係はありません。派遣社員と実

際に雇用関係があるのは派遣元企業です。派遣社員の業務についての指示や命令をするのは派遣先企業であっても、雇用条件などについて、派遣先企業と派遣社員が直接交渉するようなことはありません。

　労働者派遣では、三者それぞれにメリットとデメリットがあります。派遣社員は、自分のやりたい仕事をすることができますし、ライフスタイルにあわせた働き方をすることもできます。また、1つの企業にとらわれなくてもよい点もメリットだといえます。派遣先企業としては、必要な技術を身につけた人を即戦力として使うことができる他、ある期間だけ多くの労働力が必要な場合などに、ムダなく労働力を得ることができます。労働者派遣のニーズはライフスタイルの多様化に伴って、さらに増えていく可能性があります。派遣元企業にも、企業が求める労働力とスタッフが求める仕事や技量をマッチさせることで業績アップにつながるというメリットがあるのです。

■ 労働者派遣のメリット・デメリット

派遣先企業側の考え

メリット
・人件費（賃金・社会保険料・教育費など）の削減
・即戦力となる人材の獲得
・代替要員の容易な確保
・雇用管理面の負担軽減化
・紹介予定派遣の利用が可能

デメリット
・派遣社員の業務における責任が不明瞭
・情報漏洩の危険性
・直接雇用の社員より賃金が高い場合に社員から不満がでる

派遣社員側の考え

メリット
・自分のライフスタイルで働ける
・スキルを活かせる
・正社員へのステップにできる
・職場や職種を選べる
・対人関係の心配が減らせる

デメリット
・収入が不安定（原則として昇給・賞与がない）
・福利厚生面が希薄
・経験や技術を得られにくい
・人間関係が希薄になる

6 請負契約について知っておこう

「請負」の意味を当事者間で明確にしておくことが大切

■■ 請負は労働者派遣などとの区別が重要である

　私たちが仕事をする中で「請負」という言葉はよく耳にすると思われます。その際、他人（あるいは他社の労働者）による労務の提供を利用することをすべて「請負」と表現して、他人（あるいは他社）との間で請負契約書を作成している場合もあります。しかし、契約書の名称は関係なく、締結された契約の内容に応じて、法律上は「労働者派遣」「業務委託」などと区別することが必要になります。

　法律が定める「請負」について、民法という法律では、「請負は、当事者の一方がある仕事を完成することを約し、相手方がその仕事の結果に対してその報酬を支払う（以下略）」ものと定めています（民法632条）。つまり、請負人による「仕事の完成」を目的にしている契約だけが「請負」になります。ここで「仕事の完成」とは、予定された最後の工程まで終わらせて成果物を生み出すことを指します。

　一方、厚生労働省の告示では、「労働者派遣」との区別を明確にする観点から、民法上の「請負」よりも少し広い意味で「請負」という言葉を使用しています。つまり、注文主と請負人の労働者との間に指揮命令関係がない場合には、仕事の完成を必ずしも目的としない「業務委託」であっても「請負」に含めています。

　契約を結ぶときに「請負」という言葉を使うときは、契約の当事者同士の位置づけを明確にし、契約書を作成する際に、厳密な意味を確認して、契約の実態と合ったものにしなければなりません。

直接指示をすることができない

請負契約を結んだ際に、仕事を依頼した側を注文者(注文主)と呼ぶのに対し、仕事を受けた側を請負人(請負業者)と呼ぶのが一般的です。請負に関しては、請負人が注文者から依頼を受けて業務(仕事)をすることから、業務請負と呼ばれることもあり、契約書の表題についても「業務請負契約書」とされることがあります。それでは、請負契約とは、どのような要件を備えているものでしょうか。

第1に、注文者が、作業従事者である請負人の労働者に対し、直接指揮命令をしないことが要件になります。作業従事者による個別の作業に口出しをしたくても、注文者は、作業従事者に直接指示をすることができません。作業従事者は、請負人の指揮命令の下で、請負人が注文者から依頼を受けた仕事を行います。この点が、作業従事者に対して直接指示ができる「労働者派遣」および「在籍出向」と大きく異なる点です。たとえば、労働者派遣の場合、派遣先が作業従事者である派遣元の労働者(派遣労働者)に対して直接指示ができるため、派遣先と派遣労働者との間に指揮命令関係が認められます。

第2に、民法が定める請負契約は、仕事の完成が契約の目的となります。この点が、必ずしも仕事の完成を目的としない「業務委託」との違いです。請負契約の場合、作業場所が請負人の管理下にあること

■ 民法上の請負契約のしくみ

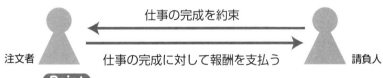

を原則としています。つまり、請負人の事業所もしくは作業現場（建設現場など）で仕事をするということです。注文者から仕事の依頼を受けたときは、自社に持ち帰るか、作業現場で仕事を行い、生み出された成果物を注文者に納品するわけです。むしろ、商品の仕入れに近い取引ですが、商品の仕入れとの違いは、完成品がオーダーメイドであるという点です。そのため、仕事のプロセスよりも「成果物」という結果が重要で、請負人は仕事の内容について結果責任を負います。

以上から、請負契約とは、注文者が仕事の完成を誰かに依頼する契約であって、作業従事者に対し直接指示をすることはできず、成果物を生み出すまで請負人にお任せする、という契約になります。

■■ 仕事の完成について責任を持つのが請負の特徴

請負契約を結んでも、依頼された仕事を請負人自身が行うケースは多くありません。とくに請負人が会社である場合、実際に仕事をするのは請負人に雇用されている労働者です。そのため、請負人の労働者が仕事を十分に遂行しなければ、予定していた時期に仕事が完成しないこともあります。注文者からすると、仕事が完成しなければ困るため、請負人の労働者に対し、「きちんと仕事をしなさい」などと指示をしたくなることでしょう。しかし、労働者派遣などと異なり、注文者が請負人の労働者に対し、直接指示をすることはできません。仕事を予定通りに完成してもらえるのであれば、請負人がどんな労働者に仕事をさせていても、原則としては文句が言えません。

その代わり、請負人は、仕事の完成について結果責任を負います。労働者の選定は請負人の自由ですが、労働者が思うように仕事をしなくても、注文者との約束は果たさなければならないのです。

■■ 請負と業務委託の共通点はどこにあるか

請負と業務委託は、注文者（委託者）から請負人（受託者）の労働

者に直接指示ができない点で共通しています。注文者（委託者）と請負人（受託者）の間では、請負契約または業務委託契約が締結されています。これらの契約関係は、あくまでも注文者（委託者）または請負人（受託者）となる会社同士の問題です。

しかし、実際の作業に従事するのは、これらの契約関係の当事者ではない請負人（受託者）の労働者（作業従事者）です。作業従事者は請負人（受託者）に従事する労働者ですから、注文者（委託者）が作業従事者に直接指揮命令してもよいとも思われますが、それはルール違反となります。請負も業務委託も「会社」として仕事の依頼を受けたのであって、どの作業従事者に仕事をさせるかなど、仕事のやり方は請負人（受託者）に任されているからです。

この場合、作業従事者は、自分の会社のため、自分の会社（上司）から指揮命令を受けて仕事をします。最終的に、注文者（委託者）がその仕事の成果を享受することになりますが、注文者（委託者）と作業従事者との間には何の契約関係も存在しないことになります。

請負と業務委託の違いはどこにあるか

請負と業務委託の大きな違いは、契約の目的が「仕事の完成」にあるかどうかです。仕事の完成を契約の目的にしているのが「請負」で

業務委託契約のしくみ

業務委託契約

業務内容
報酬・期限

- 委託された仕事を完成させる
- 自己の裁量と責任で業務を行う
- 労働基準法による保護は受けない

あるのに対し、仕事の完成を契約の目的にしていないのが「業務委託」になります。なお、業務委託は、委託者が法律行為（おもに契約のことです）以外の事務処理（一定の業務や手続きなど）を委託することです。民法上は「準委任」という類型に該当しますが、一般的に業務委託と呼ばれることが多いようです。

たとえば、パンを100個製造して売る場合、「パンを100個製造する」は、「パン100個」が「仕事の完成」になります。そこで、「パンを100個製造する」ことを他人に依頼すると「請負」になります。

一方の「（製造したパン100個を）売る」ですが、たとえば「朝の9時から夜の10時まで売る」という契約をした場合は、「朝の9時から夜の10時まで」パンを売ればよく、パンを売って現金（成果物）を生み出すことを契約の目的にしていません。これは「仕事の完成」を目的にしていないので、この契約は「業務委託」になります。しかし、「完売するまで売る」という契約をした場合は、パンを完売して現金（成果物）を生み出すことを契約の目的にしています。これは「仕事の完成」を目的にしているので、この契約は「請負」になります。

■ **請負と業務委託のしくみ**

【請負の特徴】
① 他人（請負人）に仕事を完成してもらう
② 注文者は作業者に直接指示することができない
③ 請負人は仕事を自分の作業場所などで行う
④ 請負人は仕事を完成させる義務がある
⑤ 請負人は成果物（完成品）を注文者に納品する
⑥ 請負人は仕事についての結果責任を負う

【業務委託の特徴】
① 他人（受託者）に事務処理をしてもらう
② 委託者は作業者に指示することができない
③ 受託者が仕事をする場所は受託した仕事の内容による
④ 受託者は受託した作業を遂行する義務を負う
⑤ 受託者は受託した作業を遂行するのが仕事で、仕事を完成させるかどうかは問わない

第2章

パートタイマーの法律と実務ポイント

1 パートタイマーをめぐる法律について知っておこう

パートタイマーのための法律がある

■ パートタイマーにも労働基準法などが適用される

　パートタイマーも「労働者」であることに変わりないため、労働基準法の規定が適用されます。たとえば、所定の条件を満たすことで年次有給休暇の取得が可能であり（正社員よりも取得日数は少なくなる場合があります）、予告なく解雇された場合には解雇予告手当の請求もできます。ただし、パートタイマーは正社員に比べて労働時間が短いことが多いため、業務の内容が限定される他、昇進や昇給が限定的であるなど、正社員に比べて冷遇された労働条件下に置かれることがあります。これは、労働者側にも「正社員並みに時間を拘束されたくない」「責任の重い仕事にはつきたくない」といった事情があって、双方が納得の上で雇用契約を結ぶため、社会一般の常識の範囲内であれば、待遇の格差が問題とされることは少ないといえます。

　そして、パートタイマーには、労働基準法や後述するパートタイム・有期雇用労働法の他、労働契約法、最低賃金法、労働安全衛生法、労災保険法、男女雇用機会均等法、育児・介護休業法など、労働者の待遇などについて定めたさまざまな法律が適用されます。

■ パートタイム・有期雇用労働法について

　パートタイム・有期雇用労働法の正式名称は「短時間労働者及び有期雇用労働者の雇用管理の改善等に関する法律」です。パートタイマーなどに対し適正な労働条件の確保や福利厚生の充実措置を講ずるため、労働基準法とは別に定められた法律です。平成30年（2018年）の働き方改革関連法の成立に伴うパートタイム労働法の改正でパート

タイマーだけではなく、有期雇用労働者も適用対象に追加することになり、パートタイム・有期雇用労働法に名称が変更されました。

総務省が公表する「労働力調査」によると、令和6年9月のパートタイマー・アルバイト等の非正規職員の労働者数は約2107万人とされています。令和6年9月の役員を除いた雇用者が約5799万人であるため、パートタイマー・アルバイト等の労働者数は雇用者全体の約4分の1を占めます。もっとも、パートタイム・有期雇用労働法が定める「短時間労働者」とは、1週間の所定労働時間が同一の事業所に雇用される通常の労働者の1週間の所定労働時間に比べて短い労働者を指します（2条1項）。これに対し、改正法において適用対象に追加された「有期雇用労働者」とは、事業主と期間の定めのある労働契約（有期雇用契約）を締結している労働者を指します（2条2項）。そのため、契約社員、臨時職員などの名称で呼ばれる雇用形態は、短時間労働者に該当しないことが多いのですが、有期雇用労働者に該当すれば、パートタイム・有期雇用労働法が適用されることになります。

パートタイム・有期雇用労働法では、事業主等が負うべき責務として、就業の実態などを考慮し、適正な労働条件の確保、教育訓練の実施、福利厚生の充実、通常の労働者への転換の推進に関する措置などを講じることで、「通常の労働者（正社員）との均衡のとれた待遇の確保等を図り、当該短時間・有期雇用労働者がその有する能力を有効に発揮することができるように努める」と定めています（3条）。

その他、パートタイム・有期雇用労働法では、おもに以下の事項について定めています。円滑な事業推進のためには、短時間・有期雇用労働者との関係を良好に保つ必要があり、法律などを遵守して労働環境の改善に努めることは、企業（事業主）にとって重要な課題といえます。

① 労働時間などの労働条件を明らかにした文書の交付（6条）
② 短時間労働者（有期雇用労働者）に関する事項の就業規則の作成時・変更時における短時間労働者（有期雇用労働者）の過半数代表

者からの意見聴取の努力義務（7条）
③　短時間・有期雇用労働者の待遇について、職務の内容、人事異動のしくみ（職務の内容と配置の変更の範囲）などの事情を考慮し、通常の労働者の待遇との間において不合理な相違を設けることの禁止（均衡待遇規定、8条）
④　職務の内容や人事異動のしくみ等が通常の労働者と同一の短時間・有期雇用労働者について、基本給や賞与などの待遇について差別的取扱いをすることの禁止（均等待遇規定、9条）
⑤　通常の労働者と職務内容が同一である短時間・有期雇用労働者に対する教育訓練の実施（11条）
⑥　通常の労働者が利用できる福利厚生施設の利用機会の付与（12条）
⑦　通常の労働者への転換措置を講じる義務（13条）
⑧　短時間・有期雇用労働者を雇い入れた場合における雇用管理措置の内容（賃金制度や福利厚生など）の説明義務（14条1項）
⑨　短時間・有期雇用労働者の相談に応じるための体制の整備（16条）
⑩　厚生労働大臣等が事業主に対し、必要に応じて報告を求め、または助言・指導・勧告等を行うこと（18条）

■■ 短時間・有期雇用労働指針について

　短時間・有期雇用労働指針は、パートタイム・有期雇用労働法15条に基づき、事業主が講じるべき短時間・有期雇用労働者の雇用管理の改善などの措置について、適切・有効な実施を図るために定められた指針です。
　おもな内容は、次ページ図で示した11項目です。短時間・有期雇用労働指針では、正社員との待遇の相違の内容や理由について、事業主が説明すべき事項や説明の方法（口頭での説明を基本とするなど）に関する規定などがあります。

■ 短時間・有期雇用労働指針のおもな内容

短時間労働者・有期雇用労働者の雇用管理の改善等に関する措置等についての指針のおもな内容

① 事業主は、短時間・有期雇用労働者にも労働基準法・最低賃金法など、労働関係の法令が適用されることを認識し遵守すること

② 短時間・有期雇用労働者の雇用管理の改善措置・就業実態を踏まえた待遇措置を講ずるように努めること

③ 事業主は、一方的に労働条件を短時間・有期雇用労働者にとって不利益に変更することは法的に許されないと意識すること

④ 事業主は、短時間・有期雇用労働者の労働時間と労働日の設定・変更にあたっては、短時間・有期雇用労働者の事情を十分に考慮して定めるように努めること

⑤ 事業主は、短時間・有期雇用労働者については、できるだけ時間外労働、労働日以外の労働をさせないように努めること

⑥ 事業主は、短時間・有期雇用労働者の退職手当、通勤手当などについて、正社員との均衡を考慮して定めるように努めること

⑦ 事業主は、短時間・有期雇用労働者の福利厚生施設の利用について、就業実態・正社員との均衡を考慮した取扱いをするように努めること

⑧ 事業主は、短時間・有期雇用労働者から求められたら、法令で定められた事項以外の事項でも説明し、また、自主的な苦情処理による解決を図るように努めること

⑨ 事業主は、雇用管理の措置を講じるにあたって、短時間・有期雇用労働者の意見を聴くように努めること

⑩ 事業主は、短時間・有期雇用労働者が法律で認められた正当な権利を行使したことを理由に不利益な取扱いをしてはならないこと

⑪ 事業主は、短時間・有期雇用管理者を選任したときには、氏名を見やすい場所に掲示し、短時間・有期雇用労働者に知らせるように努めること

2 契約期間のルールについて知っておこう

通算期間が5年を超えれば無期労働契約に転換できる

■■ 契約期間の上限

　有期労働契約（期間の定めのある労働契約）の契約期間は、労働基準法14条に基づき、原則として3年（例外として、厚生労働大臣が認める高度な専門知識等を有する労働者や、満60歳以上の労働者の場合は5年）という上限が定められています。つまり、契約期間の定めがある場合には、3年を超えて労働者を雇用する契約は原則として許されません。厚生労働大臣が認める「高度な専門知識等を有する労働者」とは、おもに以下のような者を指します。

・博士の学位を有する者
・公認会計士や弁護士などの資格を有する者
・システムアナリスト資格試験合格者、アクチュアリーに関する資格試験合格者
・5年以上の実務経験を有するシステムエンジニアやデザイナーで、年収が1075万円以上の者

　企業がこのような労働者を5年以下の契約期間で雇用するケースもありますが、通常は上限3年と考えてよいでしょう。

■■ 1年を経過した日以後はいつでも退職できるルールがある

　契約期間を定めた以上、労働者は、契約期間中に退職（労働契約を解消）できないのが原則です。ただし、1年を超える契約期間で働いている労働者は、労働契約の期間の初日から1年を経過した日以後は、使用者に申し出て、いつでも退職することができます（労働基準法137条）。これを任意退職といいます。ただし、任意退職の制度は、前

述した「高度な専門知識等を有する労働者」と満60歳以上の労働者には適用されません。

なお、有期事業（建設工事など）や認定職業訓練（労働基準法70条）のように、完了までに一定の期間が必要な場合は、3年を超える労働契約を締結することが可能です。たとえば、完了までに10年の期間を必要とする建設工事に従事する労働者との間では、契約期間を10年以内とする労働契約を結ぶことができます。

■■ 契約の更新により通算の契約期間が5年を超えた場合

労働契約法では、有期労働契約の更新が繰り返し行われ、通算契約期間が5年を超えている場合、労働者からの申込みによって、自動的に有期労働契約が無期労働契約に転換されるという「無期転換ルール」が導入されています（18条1項）。

具体的には、同じ使用者との間で締結していた労働契約の通算期間が5年を超えれば、労働者は有期労働契約から無期労働契約に転換するよう申込みができます。使用者は、労働者の申込みを自動的に承諾したとみなされるため、申込みの拒絶はできません。

無期労働契約に転換した際の労働条件は、契約期間が「期間の定め

■ 労働契約の期間

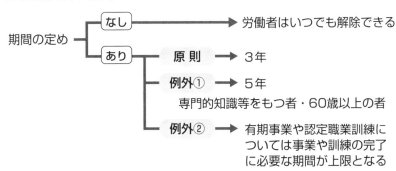

がないもの」になる以外は、原則として、有期労働契約を締結していたときと同じになります。

実務上は、契約社員、パートタイマーなどとの間で契約の更新を繰り返すことが多いため、人事担当者や管理者は「契約期間が通算5年を超えるかどうか」という点に注意する必要があります。

■■無期転換ルールについての各種特例について

有期労働契約から無期労働契約への転換ルールには、以下のような特別ルール（特例）があります。

① 研究者に対する特例

「科学技術・イノベーション創出の活性化に関する法律」（旧称「研究開発システムの改革の推進等による研究開発能力の強化及び研究開発等の効率的推進等に関する法律及び大学の教員等の任期に関する法律の一部を改正する法律」）に基づき、大学等および研究開発法人の研究者、教員等に対する無期転換ルールの特例があります。この法律のねらいは、研究に携わる専門家に対する無期労働契約への転換期間に特例を設けることで、日本の研究開発能力を強化し、研究開発等を効率的に進めていくことができるようにする点にあります。

特例の対象となる専門家は、大学や研究開発法人などとの間で有期労働契約を締結している教員、研究者、技術者、リサーチアドミニストレータなどです。研究対象となる科学技術には、人文科学に関わる技術も含まれます。

有期労働契約から無期労働契約への転換は、通算契約期間が5年を超えた場合に、労働者の申出により行うことができるのが原則です。しかし、上記の専門家が大学や研究開発法人などとの間で有期労働契約を結ぶ場合は、専門家の申出により無期労働契約への転換が可能になるまでの通算契約期間が10年超に延長されます。この場合の通算契約期間については、専門家が大学に在学している期間を算入しないこ

とに注意を要します。つまり、専門家が大学に在学しながら上記の有期労働契約を結んでいると、在学期間の分だけ無期転換ルールの適用を受ける時期が先延ばしになります。

② **特別措置法**

「専門的知識等を有する有期雇用労働者等に関する特別措置法」によって、高度な専門知識を持つ有期労働者（有期雇用労働者）や定年後も引き続き雇用されている有期労働者が、その能力を存分に発揮するため、一定期間は無期労働契約への転換申込みがなされないという特例が設けられました。

特例の適用対象となるのは、ⓐ5年を超える一定期間内に完了する予定のプロジェクトに従事する高度な専門知識を持つ有期労働者、ⓑ定年後に継続して雇用されている有期労働者です。そして、ⓐの労働者の場合は10年を上限としたプロジェクト完了予定期間、ⓑの労働者の場合は定年後に継続雇用されている期間は、その労働者に無期労働契約への転換申込みの権利が発生しません。

■ **専門的知識をもつ有期労働者についての特別措置法の内容** ……

5年超の一定期間内に完了する予定のプロジェクトに従事する高度専門知識を持つ有期労働者		10年を上限とするプロジェクト完了予定期間は無期転換申込権が発生しない
定年後に継続して雇用されている有期労働者		定年後に継続して雇用されている期間は無期転換申込権が発生しない

書式　パートタイム雇用契約書（就業規則のない場合）

雇用契約書

　○○○○食品株式会社（以下「甲」という）と○○○○（以下「乙」という）は、本日、次の労働条件により、乙がパートタイム従業員として甲で就業する旨を合意し、雇用契約を締結する。

第１条（雇用期間）令和○○年○○月○○日から令和○○年○○月○○日までとする。

２　前項の期間は、乙が満65歳となる誕生日を経過した場合は定年とし、定年到達日の翌日をもって乙は退職する。

３　乙の就業開始日は、令和○○年○○月○○日とする。

第２条（賃金と支払方法等）乙の賃金は、時給計算とし、就業時は１時間単位で1,200円とする。

２　甲は、前項の金額について、就業態度、就業年数などを考慮して、最大1,350円まで上げることができる。

３　賃金は、毎月末日締切、翌月10日支払いとする。ただし、支払日が休日にあたるときは、その前日に支払う。

４　賃金の支払方法は、甲の取引銀行に乙が口座を開設し、当該銀行口座に全額を振り込むことによって、これを行う。

５　源泉所得税および社会保険料等の法令により控除が認められるものは、賃金から控除することとする。

６　賞与、退職金は支給しない。

第３条（就業場所および従事する業務）乙の雇い入れ時の就業場所は、甲の本社食品販売部とし、従事する業務は食品販売とする。

２　甲は、業務の都合により、乙の承諾を得て、甲の定める就業場所および従事業務への変更を命ずることができる。

第４条（始業・終業時刻および休憩時間）前条１項の就業場所における乙の始業、終業時刻および休憩時間は、次のとおりとする。

始業時刻　9時00分
　　終業時刻　16時00分
　　休憩時間　12時から13時までの1時間

第5条（時間外および休日勤務）甲は、乙に対し、業務の都合により必要がある場合、乙の承諾を得て、法令の定める手続きを経た上で時間外または休日勤務を命ずることができる。

第6条（割増賃金）割増賃金の計算は法令の定めるところによる。

第7条（休日）乙の休日は次のとおりとする。
　① 火曜日、木曜日、土曜日、日曜日
　② 祝日または振替休日
　③ 年末年始（12月31日から1月4日まで）
　④ その他、甲が定める日

2　甲は、業務の都合により、乙の承諾を得て、前項の休日を、あらかじめ他の日と変更または振替をすることができる。

3　前項の場合、甲は、乙に対し、変更または振替によって勤務日となる休日および変更または振替によって休日となる勤務日を特定して、事前に通知しなければならない。

4　前項の場合、変更前または振替前の休日は所定の勤務日として扱い、変更後または振替後の勤務日は休日として扱うことを、甲乙双方が確認する。

5　乙は、第8条所定の年次有給休暇における年休権を行使する場合は、休暇を取得しようとする日の前日までに、その旨を甲に書面または口頭で連絡するものとする。

第8条（年次有給休暇）甲は、乙の勤続期間に応じて、労働基準法第39条所定の年次有給休暇を付与する。

2　乙の前条第5項の手続きを怠った休暇取得および甲の時季変更権行使を無視した休暇取得に対して、甲はこれを無断欠勤として扱うこととする。

第9条（欠勤等の扱い）乙の欠勤、遅刻、早退および私用外出に関わ

る合計時間数は、賃金の計算対象時間から除外する。

第10条（通勤手当）通勤手当は、乙が甲に通勤するにふさわしい合理的経路に要する公共交通機関の実費を全額、甲が支給する。

第11条（解雇）乙について、次の各号の一に該当する事由があると甲が認める場合、甲は、乙を解雇することができる。
① 甲の指揮命令に従わず、勧告を経ても勤務態度を改めないとき
② 心身の故障により、従事する業務に耐えられないとき
③ 遅刻、欠勤が多く、またはそれ以外の勤務成績不良で、従事する業務に適さないとき
④ その他前各号に準ずるやむを得ない事由があるとき

2 解雇の予告その他の解雇に関する事項は、法令の定めるところによる。

第12条（契約の更新）契約の更新の有無については、以下により判断する。
① 契約期間満了時の業務量
② 従事している業務の進捗状況
③ 乙の能力、業務成績、勤務態度
④ 会社の経営状況

2 雇用管理の改善等に関する事項に係る相談窓口は以下のとおりとする。
　　　部署名　　管理部
　　　担当者氏名　○○○○
　　　連絡先　　○○○-○○○-○○○○

第13条（その他）本契約に定めのない事項については、法令の定めるところによる。

本契約締結の証として、本書面を2通作成し、甲乙各自1通ずつ保有する。

以上をもって、本契約が成立した。これを証するため、本書面を2通作成し、甲乙各自1通ずつ保有する。

〈以下、契約年月日、住所、氏名省略〉

相談 契約期間内の退職

Case 2年の契約期間で働いているのですが、来年以降退職することは法律上認められないのでしょうか。

回答 契約期間については、法律上は、原則として3年、厚生労働省が認める高度な専門知識等を有する労働者や満60歳以上の労働者の場合は5年、という上限が定められています。「高度な専門知識等を有する者」には、公認会計士や弁護士の他、年収1075万円以上のシステムコンサルタントなどが含まれます（40ページ）。

契約期間を定めなかった場合は、労働者側はいつでも退職（労働者からの契約の解除）を申し入れることができます。一方で、契約期間を定めた場合は、その期間は退職できないのが原則です。ただ、現在は暫定措置として、たとえば3年の契約期間で働いている有期雇用労働者は、労働契約の期間の初日から1年を経過した日以後であれば、いつでも退職可能です。この暫定措置は、前述した高度な専門的知識等を有する労働者と満60歳以上の労働者には適用されません。

● 契約期間を定める場合の注意点

契約期間を定めた場合と定めなかった場合で最も大きな違いとなるのは、契約の解除の手続きです。契約期間を定めた場合は、期間満了によって終了しますが、原則として期間途中で解除することはできません。やむを得ない事情がある場合は、期間途中での解除が認められますが、その事情がどちらか一方の過失によって生じた場合は、相手方に対して損害賠償請求ができます（民法628条）。

一方、期間を定めなかった場合は、民法では2週間前までに申入れをすることで、いつでも解除することができるとされています（627条）。しかし、使用者が期間途中で労働者を解雇するという形で契約を解除する場合には、労働基準法20条の規定により、少なくとも30日

前に予告をするか、予告しない場合は30日分以上の平均賃金を支払わなければなりません。その他にも、労働基準法などが定める解雇制限や労働契約法16条の解雇権濫用法理の適用も受けます。

相談 有期労働契約の無期労働契約への転換

Case 1年契約の契約社員として勤務して4年になる社員については、正社員として扱わないといけないのでしょうか。

回答 有期労働契約が通算して5年を超えて更新され続けている状態で労働者側が無期労働契約への転換を希望するとの申込みを行った場合、有期労働契約が無期労働契約に転換されます。使用者は、労働者による申込みを承諾したとみなされるため、使用者が申込みを拒絶することはできません。もっとも、無期労働契約に転換した際の労働条件は、原則として、有期労働契約を締結していたときと同一です。

ただし、契約期間が「通算5年」という要件ですが、クーリング期間（契約していない期間）がある場合、クーリング期間前の契約期間は通算されず、クーリング期間後から通算することになっています。具体的には、通算契約期間が1年以上の場合は、クーリング期間が6か月以上であれば、その期間後から通算します。一方、通算契約期間が1年未満の場合は、クーリング期間が「通算契約期間×2分の1」以上であれば、その期間後から通算します（たとえば通算契約期間が8か月の場合は、クーリング期間が4か月以上のときに、その期間後から通算することになります）。

このように、無期転換ルールが適用されるのは「通算5年」を超える場合であるため、質問のケースのように勤務して4年の社員については、まだ通算5年を超えていないため、無期転換ルールの適用対象にはならないことになります。

3 パートタイマーと就業規則について知っておこう

パートタイム労働者のための就業規則を作成する

■ 就業規則とはどんなものなのか

　就業規則とは、会社内でのルールを定めた規程類の総称です。労働時間や賃金、休日などについての事項を、労働基準法に沿った内容で会社ごとに定めます。使用者と労働者が互いに就業規則の内容を理解し、遵守することで、ムダなトラブルを避け、会社の運営がスムーズになります。労働基準法89条には、常時10人以上の労働者（パートタイマーやアルバイトなどを含む）を使用する使用者は、一定の項目を定めた就業規則を作成し、その事業所（事務場）の住所地を管轄する労働基準監督署長に届け出なければならないと定めています。就業規則に定めることが義務づけられている項目は、次のようなものです。

① 始業および終業の時刻、休憩時間、休日、休暇などに関する事項
② 賃金の決定、計算および支払いの方法、昇給などの事項
③ 退職・解雇に関する事項
④ 退職手当の定めをする場合、適用される労働者の範囲などに関する事項
⑤ 臨時の賃金等および最低賃金の定めをする場合、それに関する事項
⑥ 労働者の食費、作業用品などの負担について定める場合、それに関する事項
⑦ 安全および衛生について定める場合、それに関する事項
⑧ 職業訓練について定める場合、それに関する事項
⑨ 災害補償および業務外の傷病扶助について定める場合、それに関する事項
⑩ 表彰および懲戒の定めをする場合、その種類および程度に関する

事項
⑪　上記の他、当該事業場の労働者のすべてに適用される定めに関する事項

　①～⑪の必要記載事項に加えて、各事業所独自の項目を定めることができます。就業規則の内容は、原則として事業所が自由に定めることができ、各法令に優先して遵守すべきとされています。ただし、就業規則の内容が労働基準法などの労働関係法令に定める基準を下回ったり、違反したりするようなものであった場合、その項目については無効となり、各法令の内容が優先されることになります。

　就業規則は事業所に勤務するすべての労働者が適用対象に含まれます。ただ、正社員とパートタイマーやアルバイトなどのように、雇用形態によって勤務時間、休暇、賃金などの労働条件が大きく異なる場合には、1つの就業規則の下で働かせることが難しいといえます。その際は、「正社員用」「パート用（パートタイマー用）」などというように、複数の就業規則を作成することが求められます。

　法的には常時10人未満の労働者を使用する事業所では、就業規則の作成・届出の義務がありません。実際に、個人経営の店舗や中小企業の作業所などの中には、就業規則を設けていないところもあります。しかし、賃金や休暇などをめぐってトラブルが起きやすいのも事実ですから、それをできる限り未然に防ぐため、作成・届出の義務のない事業所でも就業規則を作成しておくべきでしょう。

■■ 正社員用の就業規則とはここが違う

　正社員用の就業規則とは別に、パート用の就業規則などを作成する場合、次のような項目で相違点が出てきます。ただし、ここに挙げるのは一般的な例ですから、実際には事業所ごとに内容を検討する必要があります。

① 　賃金
　正社員は日給月給制、月給制、パートタイマーなどは時給制の事業

所が多いようです。昇給制度の有無についても記載が必要です。

② **休暇・休憩**

勤務時間によって、休憩の有無やその時間が違ってきます。休暇の中でも年次有給休暇は、勤務時間・日数や勤続年数によって、付与される年次有給休暇の日数が違ってきます。

③ **契約期間**

正社員は無期契約であるのに対して、パートタイマーなどは有期契約であるのが通常ですから、契約期間の満了後の更新の有無や更新の条件などを明確にしておく必要があります。

④ **昇進・転勤**

昇進について正社員と同じ扱いをするのは難しいため、昇進の対象としない、あるいは独自の昇進規定を設けます。パートタイマーなどは、生活基盤がある自宅周辺での就労を前提としているため、転勤は対象外とするのが一般的です。

⑤ **正社員への転換**

パートタイマーなどから正社員への転換を推進するため、正社員登用試験などの措置を実施することを定めます。

⑥ **福利厚生**

健康診断や福利厚生施設の利用は、できるだけ正社員と同等とすることが望ましいですが（短時間・有期雇用労働指針、39ページ）、勤続年数などによって扱いを変える場合はその明記が必要です。

⑦ **懲戒**

正社員と同様の懲戒内容とすることもありますが、仕事上の責任の重さの違いなどを考慮し、正社員よりも比較的軽い懲戒内容を定めることもあります。

■ パート用就業規則を作成する際の注意点

就業規則の具体的内容は、法令の範囲内であれば各事業所の事情に

応じて自由に定めることができます。この点は、正社員用だけでなく「パート用」などの就業規則も同様です。パートタイマーなども「労働者」ですから、これらの労働者を対象とする就業規則を作成する際は、労働基準法はもちろん、最低賃金法、男女雇用機会均等法など、正社員に適用される法令は原則としてすべて適用対象になるのを念頭に置かなければなりません。

　それに加えて、パートタイム・有期雇用労働法や短時間・有期雇用労働指針の内容を十分に理解して、その内容に違反しないような就業規則を作成することも必要です。そして、パートタイマーやアルバイトなどを対象とする専用の就業規則を作成する場合は、正社員用の就業規則の本則で、「パートタイマーには、パート用就業規則が適用される」といった内容を定めておくとよいでしょう。

　このように、正社員用の就業規則に加えて、パートタイマーやアルバイトなどを対象とする専用の就業規則を定めても、複数の就業規則を合わせたものが、事業所における「１つの就業規則」と扱われます。そのため、就業規則本則の対象を正社員だけとし、パートタイマーやアルバイトなどを除外しつつ、専用の就業規則を作成しないことは労

■ **パート用就業規則作成上のポイント**

賃金	賃金形態は時給が多い
休憩	勤務時間（所定労働時間）によって異なる
昇進	パートタイマー独自の規定を設けることもできる
契約期間	契約の更新の際に問題が起きやすいので、契約期間および満了後の更新の有無や条件について明確にしておくこと
年次有給休暇	勤務時間・日数や勤続年数によって付与日数が異なる
福利厚生	対象者が正社員だけなのか、それともパートタイマーを含めるのならどこまで対象者を広げるのかを明確にする
懲戒（制裁）	正社員に準じる（やや軽くすることもできる）

働基準法89条違反になります。この場合、事業所における「1つの就業規則」の一部が欠けていると扱われるからです。

その他、パートタイマーやアルバイトなどを対象とする専用の就業規則の作成時の注意点としては、以下のようなものがあります。

① **対象者を明確にする**

パートタイマーやアルバイトなどの非正規社員（短時間労働者・有期雇用労働者）は、雇用形態の呼び方がさまざまであり、個々の労働条件も大きく異なります。そのため、就業規則の対象となる非正規社員が誰なのかを明確にする必要があります。似た労働条件で働いている非正規社員は、同じ就業規則を適用させるのが効率的でしょう。

② **非正規社員の意見を聴いて作成する**

事業主は、非正規社員に関わる事項について就業規則を作成・変更しようとするときは、その事業所で雇用する非正規社員の過半数を代表する者の意見を聴くように努めなければなりません（パートタイム・有期雇用労働法7条）。

③ **労働条件が正社員と近い場合の処遇を考慮する**

短時間労働者・有期雇用労働者が正社員と同等の労働時間、仕事内容で就業している場合は、不合理な差別をせず、できるだけ正社員と同等の待遇をすることが求められます（差別的取扱いの禁止、パートタイム・有期雇用労働法9条）。

■ **パート用就業規則の作成・変更の手続き**

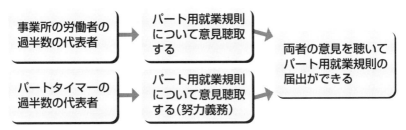

書式　パートタイム労働者の就業規則

パートタイム労働者就業規則

第1章　総　則

第1条（目的）　本規則は、○○株式会社（以下「会社」という）に勤務するパートタイム労働者の労働条件、服務規律その他就業に関する事項を定めたものである。

2　この規則に定めのないことについては、労働基準法その他の法令の定めたところによる。

第2条（パートタイム労働者の定義）　この規則において、パートタイム労働者とは、第4条の規定に基づき採用された者で、所定労働時間が1日○時間以内、1週○時間以内の者をいう。本規則は入社日から適用する。

第3条（規則の遵守）　会社およびパートタイム労働者は、この規則を守り、互いに協力して業務の運営にあたらなければならない。

第2章　人　事

第4条（採用）　会社は、パートタイム労働者の採用にあたっては、勤務希望者のうちから選考して採用する。

2　勤務希望者は、履歴書その他会社が求める書類を選考時に提出しなければならない。

第5条（採用時の提出書類）　パートタイム労働者として採用された者は、採用後5労働日以内に次の書類を提出しなければならない。

(1)　住民票記載事項証明書
(2)　源泉徴収票（採用された年に前職で給与収入のある者）
(3)　個人番号カードまたは個人番号通知書の写し
(4)　その他会社が必要と認める書類

2　前各号の提出書類に異動が生じた場合は、1か月以内に届け出なければならない。

第6条（労働契約の期間）　会社は、労働契約の締結にあたっては、1年の範囲内で、契約時に本人の希望を考慮の上、各人別に決定し、別紙の労働条件通知書で労働契約の期間を示すものとする。

2　労働契約は、必要に応じて更新することができるものとする。この場合、本人と協議の上、改めて労働条件を定めて更新する。なお、3回以上更新し、または1年を超えて継続して勤務したパートタイム労働者について契約を更新しない場合、会社は、期間満了の30日前までにその旨を通知する。

第7条（労働条件の明示）　会社は、パートタイム労働者の採用時に、別紙の労働条件通知書を交付し、採用時の労働条件を明示するものとする。

第8条（異動）　会社は、業務上の必要があり、パートタイム労働者について個別の同意を得た場合は、勤務内容または就業場所の変更を命じることができる。

2　会社が前項の命令を行う場合、パートタイム労働者の生活を考慮し、無理のない家庭生活を送ることのできる範囲の異動にとどめるよう努めなければならない。

第9条（正規社員への登用）　会社は、パートタイム労働者のうち、とくに勤務成績に優れる者を選考の上、正規社員として登用することができる。

2　正規社員として登用した場合、正規社員の就業規則第○条に定める退職金の算定上、パートタイム労働者として勤務した期間は勤続年数に通算しない。

第10条（無期労働契約への転換制度）　有期雇用契約で雇用するパートタイム労働者のうち、通算契約期間が5年超の者は、申込みを行うことで現在締結する有期労働契約の契約期間終了日の翌日より、期間の定めがない労働契約の雇用に転換することを可能とする。

2　前項による通算契約期間は、平成25年4月以降に開始された有期労働契約の通算による。また、現在締結する有期労働契約は、期間満了日までの期間とする。ただし、労働契約の締結がない期間が連続6か月以上ある者については、それ以前の契約期間は通算契約期

間に含まないものとする。

3 本規則に定める労働条件については、期間の定めがない労働契約への転換後も引き続き適用する。ただし、期間の定めがない労働契約へ転換したパートタイム労働者に係る定年は満〇〇歳とし、定年に達した日の属する月の末日をもって退職扱いとする。

第11条（退職） パートタイム労働者が次の各号に該当するときは、退職とする。パートタイム労働者は、退職事由のあった日の翌日に会社のパートタイム労働者としての身分を失う。

⑴ 有期労働契約の場合、当該契約期間が満了したとき
⑵ 本人の都合により退職を申し出て会社が認めたとき、または無期労働契約のパートタイム労働者が退職の申出をしてから14日を経過したとき
⑶ 本人が死亡したとき

第12条（解雇） 会社は、パートタイム労働者が次の各号のいずれかに該当する場合、契約期間中であっても解雇することができる。

⑴ 本人に精神または身体の障害・疾病があり、医師の判断に基づき、業務に耐えられないと認められる場合
⑵ 勤務状況が著しく不良で就業に不適切と認められる場合
⑶ 天災地変その他やむを得ない事由により事業の継続が不可能なとき、または事業の縮小、部門の閉鎖、経営の簡素化などを行う必要が生じ、他の職務に転換させることが困難なとき
⑷ その他前各号に準ずる事由があるとき

第13条（解雇の予告） 前条により解雇する場合は、法令の定めに基づいて、少なくとも30日前までに予告するか、または30日分の予告手当を支給して解雇する。ただし、2か月以内の契約期間を定めたパートタイム労働者については、本条を適用しない。

第14条（解雇制限） 次の各号のいずれかに該当する期間は解雇しない。ただし、第1号の場合において療養開始から3年経過後も傷病が治らず、打切補償を支払った場合はこの限りではない。

(1) 業務上の傷病による療養での休業期間およびその後30日間
(2) 女性が産前産後に休業する期間およびその後30日間
2　会社は、パートタイム労働者につき育児・介護休業法に基づいて、休業したこと、または休業を請求したことを理由に解雇しない。
第15条（貸与品等の返還）　パートタイム労働者であった者は、退職（解雇も含む）した後、資格確認書もしくは健康保険証、身分証明書、貸与被服、その他会社から貸与されたすべての金品を直ちに返還しなければならない
第16条（退職後の証明）　パートタイム労働者であった者は、退職後（解雇後も含む）も在職中の職務、地位、賃金、使用期間、退職事由などの証明を会社に求めることができる。

第3章　服務規律

第17条（服務規律）　パートタイム労働者は、業務の正常な運営を図るため、会社の指示命令を遵守して、誠実に業務を遂行しなければならない。
2　パートタイム労働者は、次の各事項を遵守して、職場の秩序を保持するように努めなければならない。
(1) 会社の名誉または信用を傷つける行為をしない。
(2) 会社、取引先等の機密や個人情報を他に漏らさない。
(3) 会社の施設、備品を大切に扱う。
(4) 許可なく職務外目的で会社施設、備品等を使用しない。
(5) 勤務時間中は許可なく業務を中断せず、または職場を離れない。
(6) みだりに遅刻、早退、私用外出および欠勤をせず、やむを得ない場合は、事前に届け出る。
(7) 職務を利用して自己利益を図り、不正な行為を行わない。
(8) 職場の整理整頓を行い、快適な職場環境を作る。
(9) 所定の作業服・作業帽を着用し、社員証を携帯する。
(10) その他業務の正常な運営を妨げ、または職場の風紀・秩序を乱すような行為を行わない。

第4章 労働時間、休憩および休日

第18条（労働時間および休憩） パートタイム労働者の労働時間は1日6時間以内、かつ週30時間以内とし、始業および終業の時刻ならびに休憩時間は、原則として次のとおりとし、労働契約を結ぶときに各人別に定める。

	所定労働時間	始業時刻	終業時刻	休憩時間
A勤務	6時間	8時	14時45分	11時00分～11時45分
B勤務	6時間	11時	17時45分	14時00分～14時45分
C勤務	6時間	14時	20時45分	17時00分～17時45分

2　前項にかかわらず業務の都合その他やむを得ない事情により始業・終業・休憩時刻の繰上げ、繰下げをすることがある。

3　休憩時間は、自由に利用することができる。

第19条（休日） 休日は、次のとおりとする。

(1)　毎週土曜日・日曜日
(2)　国民の祝日（振替休日も含む）および国民の休日
(3)　年末年始（12月○日より1月○日まで）
(4)　その他会社が定める休日

第20条（休日の振替） 前条の休日について、業務の都合により必要やむを得ない場合は、あらかじめ他の日と振り替えることがある。ただし、休日は4週を通じて8日を下回らないようにする。

2　休日の振替を行うときは、対象者に事前に通知する。

第21条（時間外労働・休日労働） 会社は、所定労働時間を超えて、または所定労働日以外の休日にパートタイム労働者を就業させないように努めなければならない。

2　前項の規定にかかわらず、業務の都合上やむを得ない場合は、個別の同意を得た上で、所定労働時間を超える時間または所定労働日以外の休日にパートタイム労働者を就業させることができる。

第22条（出退勤手続） パートタイム労働者は、出退勤にあたり各自のタイムカードで出退勤の時刻を記録しなければならない。

2　タイムカードは自ら打刻し、他人に依頼してはならない。

第5章　休暇等

第23条（年次有給休暇）　6か月以上継続して勤務し、会社の定める所定労働日数の8割以上を出勤したときは、年次有給休暇を労働基準法の規定に従い与える。

2　年次有給休暇を取得しようとするときは、期日を指定して、事前に会社へ届け出なければならない。

3　パートタイム労働者が指定した期日に年次有給休暇を与えると事業の正常な運営に著しく支障があると認められる場合、会社は他の期日に変更することができる。

4　年次有給休暇中の賃金は、所定労働時間を労働した場合に支払われる通常の賃金を支給する。

5　従業員の過半数を代表する者との協定により、前項の規定にかかわらず、あらかじめ期日を指定して計画的に年次有給休暇を与えることがある。ただし、各人の持つ年次有給休暇付与日数のうち5日を超える日数の範囲とする。

6　当該年度の年次有給休暇で取得しなかった残日数については、翌年度に限り繰り越すことができる。

第24条（産前産後の休暇）　6週間（多胎妊娠の場合は14週間）以内に出産予定の女性は、請求によって休業することができる。

2　産後8週間を経過しない場合は就業させない。ただし、産後6週間を経過した女性から就業の申出があった場合、支障がないと医師が認めた業務に就業させることができる。

3　前2項の休暇は無給とする。

4　会社は、妊娠中の女性および産後1年を経過しない女性が請求した場合、法定労働時間を超える時間または法定休日に就業させない。

第25条（生理休暇）　生理日の就業が著しく困難な女性が請求した場合には、休暇を与える。

2　前項の休暇は無給とする。

第26条（育児時間）　生後1歳に満たない子を養育する女性から会社に請求があった場合、休憩時間の他に1日2回、1回につき30分の育児時間を与える。
2　育児時間は無給とする。
第27条（育児休業等）　1歳に満たない子を養育するパートタイム労働者が希望するときは、会社に申し出て育児休業を取得することができる。
2　前項の休業および就業しなかった時間は無給とする。
3　育児休業、育児短時間勤務制度等の詳細は、別に定める「育児休業規程」による。
第28条（介護休業等）　要介護状態にある家族を介護する必要があるパートタイム労働者が希望するときは、会社に申し出て介護休業をし、または介護短時間勤務制度の適用を受けることができる。
2　前項の休業および就業しなかった時間は無給とする。
3　介護休業または介護短時間勤務制度の適用は、別に定める「介護休業規程」による。

第6章　賃金

第29条（賃金構成）　パートタイム労働者の賃金は次のとおりとする。
(1)　基本給　時間給とし、職務内容、経験、職務遂行能力等を考慮して各人個別に決定する。
(2)　諸手当
①通勤手当　通勤実費を支給するが、1か月の上限は○円とする。
②時間外勤務手当　1日8時間を超える時間外労働の場合、8時間を超えた部分については、通常の賃金の125％の割増賃金を支給する。ただし、1か月の時間外労働が60時間を超えた場合、60時間を超えた部分については、通常の賃金の150％の割増賃金を支給する。
③休日勤務手当　第19条の休日のうち法定休日にも該当する日に労働した場合、通常の賃金の135％の割増賃金を支給する。
第30条（賃金締切日および支払日）　賃金は、前月21日から当月20日

までを一賃金計算期間とし、当月末日に支給する。ただし、支給日が休日にあたる場合は、その前日に支給する。
2　賃金は、その全額を直接本人に支払う。ただし、本人の同意がある場合は、本人名義の銀行口座への振込みによって支払う。

第31条（賃金からの控除）　次に掲げるものは賃金から控除するものとする。
　⑴　源泉所得税
　⑵　住民税
　⑶　雇用保険および社会保険の被保険者については、当該保険料の被保険者の負担分
　⑷　その他従業員の過半数を代表する者との書面による協定により控除することとしたもの

第32条（欠勤等の扱い）　欠勤、遅刻、早退、私用外出の時間については、勤務しなかった時間分の給与は支給しない。

第33条（昇格）　会社は、労働契約を継続する際、その勤務成績等を考慮して、時間給を昇給させることができる。

第34条（賞与）　パートタイム労働者には、原則賞与を支給しない。

第35条（退職金）　パートタイム労働者には、原則退職金を支給しない。

第7章　福利厚生

第36条（福利厚生）　会社は、福利厚生施設の利用および行事への参加については、正規社員と同様の取扱いをするように配慮する。

第37条（社会保険等の加入）　パートタイム労働者の労働条件が、常態として社会保険および雇用保険の加入要件に該当した場合は、所定の加入手続をとらなければならない。

第38条（教育訓練の実施）　会社は、パートタイム労働者に対して必要がある場合には、教育訓練を実施する。

第8章　安全衛生および災害補償

第39条（安全衛生の確保）　会社は、パートタイム労働者の作業環境

の改善を図り、安全衛生教育、健康診断その他必要な措置を講ずる。
2　パートタイム労働者は、安全衛生に関する法令、規則ならびに会社の指示を守り、会社と協力して労働災害の防止に努めなければならない。

第40条（安全衛生教育）　会社は、パートタイム労働者に対し、採用時および作業内容が変更になった場合等には、必要な安全衛生教育を行う。

第41条（健康診断）　労働契約の継続により1年以上雇用されているパートタイム労働者については、健康診断を行う。
2　有害な業務に従事する者については、特殊健康診断を行う。

第42条（災害補償）　パートタイム労働者が業務上の事由もしくは通勤により負傷し、疾病にかかり、または死亡した場合は、労働者災害補償保険法に定める保険給付を受けるものとする。
2　パートタイム労働者が業務上の負傷または疾病により休業する場合の最初の3日間は、会社が平均賃金の60％の休業補償を行う。

第9章　賞　罰

第43条（表彰）　パートタイム労働者が、とくに会社の信用を高めるなどの功績があった場合、その都度審査の上、表彰する。
2　表彰は、表彰状を授与し、あわせて表彰の内容により賞品もしくは賞金を併せて授与する。

第44条（懲戒事由）　パートタイム労働者が次のいずれかに該当するときは、懲戒処分を行う。
 (1)　本規則、または本規則に基づいて作成された諸規則にたびたび違反するとき
 (2)　正当な理由なく、無断欠勤が5日以上続いたとき
 (3)　欠勤、遅刻、早退が続き、業務に熱心とは言い得ないとき
 (4)　故意に業務の遂行を妨げたとき
 (5)　素行不良により会社の風紀、秩序を乱すとき
 (6)　許可なく会社の金品を持ち出し、または持ち出そうとしたとき
 (7)　会社内において、刑法犯に該当する行為があったとき

(8) 重大な経歴を詐称したとき
(9) 会社の名誉、信用を傷つけたとき
(10) その他前各号に準ずる程度の不都合な行為があったとき

第45条（懲戒処分の種類） 懲戒処分は情状により次の区分で行う。
(1) けん責　始末書を提出させ将来を戒める。
(2) 減給　始末書を提出させる他、賃金の一部を減額する。ただし、減給は、1回の額が平均賃金の1日分の半額を、総額が1賃金支払期間の10分の1を超えない範囲で行う。
(3) 出勤停止　始末書を提出させる他、7日以内を限度として出勤を停止させる。なお、その間の賃金は支給しない。
(4) 諭旨退職　始末書を提出させる他、退職願の提出を要求する。ただし、これに応じないときは懲戒解雇とする。
(5) 懲戒解雇　予告期間を設けることなく即時に解雇する。この場合において所轄労働基準監督署長の認定を受けたときは、予告手当の支給も行わない。

第46条（損害賠償） パートタイム労働者が故意または重大な過失によって会社に損害を与えたときは、損害の全部または一部を賠償させることがある。

附　則

1　本規則を変更または廃止する場合は、取締役会の承認を必要とする。
2　本規則は令和○年○月○日から改正し、同日施行する。
3　本規則の主管者は総務部門長とする。
4　この規則を改廃する場合は「過半数従業員の選出に関する規程」に基づいて選出された従業員の過半数代表者の意見を聴いて行う。

（制定・改廃記録）
制定　　平成20年4月5日
改正　　平成27年2月5日
改正　　令和○年○月○日

相談 準備時間と労働時間

Case 始業前の清掃や準備体操の時間は労働時間ではないのでしょうか。純粋な作業時間だけが労働時間でしょうか。

回答 労働時間にあたるか否かの判断基準が問題になりますが、一般に、労働者が会社（使用者）の指揮命令の下に置かれている時間であるか否かによって判断されています。したがって、純粋な作業時間が8時間と設定されていても、それより以前の時間に行う準備行為などが、会社の命令の下で行われている場合には、その準備行為などに関しても、労働時間に含めなければなりません。労働者は、労働時間に応じて会社側から賃金を受け取ることができるため、労働時間にあたる以上、会社は、純粋な作業以外の時間に行われた行為についても、賃金の支払いが必要になる場合があります。

本ケースにある始業前の清掃や準備体操の時間は、純粋な作業時間ではありません。しかし、会社の指揮命令の下で、業務の前提として、労働者の義務の一環として行われている場合には、労働時間に含まれるものと考えられます。

相談 休憩時間

Case 休憩時間は必ず1時間以上なければいけないのではないでしょうか。

回答 労働基準法では、原則として、①労働時間については1日8時間、1週40時間まで（法定労働時間）、②休憩時間については労働時間が6時間を超える場合は45分以上、8時間を超える場合は1時間以上の休憩時間を労働時間の途中に与えること、③休日については毎

週1回与えること（週休制）にしています。

休憩時間については、休憩時間は使用者に拘束されず、労働者は自由に利用することができます（自由利用の原則）。休憩中に電話番を命じられるなど使用者の拘束から解放されていない時間は、休憩時間として認められません（労働時間であると評価されます）。

また、休憩時間は一斉に与えるのが原則です（一斉付与の原則）。バラバラに休憩をとると、休憩がとれなかったり、休憩時間が短くなったりする労働者が出る可能性があるからです。ただし、運輸交通業、商業、金融・広告業、映画演劇業、通信業、保健衛生業、接客娯楽業、官公署（役所）の事業などについては、一斉付与をしなくてよいとされています。労使協定の締結（届出は不要）によって、一斉付与をしないとすることも可能です。その他、管理監督者などのように、休憩時間の規定が適用除外になる労働者も存在します。

相談　労働時間や休憩時間の変更

Case　家庭の事情などを理由に頻繁に労働時間や休憩時間を変更して勤務する者がいて困っています。どのように対処すべきでしょうか。

回答　労働条件を変更するには、原則として、使用者・労働者間の合意が必要であって、一方的に労働時間や休憩時間などを変更することはできません（労働契約法10条に基づき、使用者による一方的な労働条件の変更が認められることはあります）。

使用者には、労働者の労働時間を把握し、これを管理する義務があります。そして、使用者と労働者の双方は、信義に従い誠実に、労働契約の内容を遵守する義務があります（労働契約法3条4項）。労働者が労働契約の内容に従わないことは、業務命令違反であると評価されます。労働者が勝手に労働時間や休憩時間を変更する場合には、そ

の行為が懲戒処分の対象にもなるものであることを、当該労働者に書面などで明確に示す必要があるでしょう。

ただし、労働者は何らかの事情があって、頻繁に労働時間や休憩時間を変更しているかもしれません。使用者は、労働者側の事情を確認し、必要な場合は、シフト勤務制の導入を検討したり、閑散期の勤務時間を減らすなどの措置を講じるべきといえるでしょう。

相談 パートタイマーの配置転換や転勤

Case パートタイマーであっても勤務地の変更や配置転換を命じることができるのでしょうか。

回答 配置転換や転勤は、社員を適材適所に配置するために必要な行為です。会社（使用者）は、業務の円滑な遂行のために必要であり、人材育成といった正当な理由があれば、社員の配置転換や転勤を行うことができます。この点は法令では明確に規定されていませんが、「労働協約・就業規則などに転勤命令に関する規定があり、転勤が頻繁に行われ、かつ、採用時にとくに勤務地を特定していない場合、使用者は、その裁量により勤務場所を決定することができ、業務の必要がないなど特段の事情がなければ、転勤命令は権利の濫用とはならない」という趣旨の最高裁判例が出ています。

もっとも、パートタイマーやアルバイトの募集時には、業務や勤務地を限定しているのが一般的です。したがって、上記の最高裁判例に照らしても、これらの労働者の同意を得ることなく、一方的に配置転換や転勤を命じることはできないと考えるべきでしょう。

パートタイマーやアルバイトの配置転換や転勤を予定しておきたい場合には、募集時からそのことを明確にし、あらかじめ就業規則に規定を設けておくのはもちろん、労働契約を結ぶ段階においても文

書（労働条件明示書）を交付して明示し、労働者側の意向を確認することが必要です。そして、配置転換や転勤を予定する際には、とくにパートタイム・有期雇用労働法の均衡待遇規定や均等待遇規定（38ページ）に留意することが必要です。

相談　パートタイマーに対する研修・訓練

Case　パートタイマーのスキルをアップさせるために、能力開発や教育訓練をさせたいと思っているのですが可能でしょうか。

回答　パートタイマーを補助業務者として雇用する場合や、パートタイマー自身もそうした雇用形態を望む場合は別ですが、その能力を積極的に業務に活かしたいと会社側が考えている場合、能力開発や教育訓練の実施を検討することが求められます。

パートタイム・有期雇用労働法11条では、正社員（通常の労働者）との均衡を考慮し、その雇用する短時間・有期雇用労働者（パートタイマーは「短時間労働者」に該当するのが一般的です）の職務の内容、職務の成果、意欲、能力、経験などに応じ、その労働者に対し教育訓練を実施するように努めることを事業主に求めています。

能力開発や教育訓練を実施する場合、外部の研修に参加する方法や、社内に教育係を置いて実際の実務に添って訓練を行う方法などがあります。何よりもまず、パートタイマーがそのような機会に参加しやすい環境を作ることが重要です。

たとえば、研修の種類、目的、流れなどが把握できる表などを作成する、訓練に参加することで従事できるようになる業務の内容を明確にする、賃金体系の中に技能給を組み込む、といったように、パートタイマーが目標意識を持って研修や訓練に参加できるような体制づくりを検討すると効果的です。

4 求人や契約時に注意すべき点は何か

契約時には労働条件明示書を書面により交付する

■■ 求人するときはここに注意する

　パートタイマーやアルバイトの求人を行うには、さまざまな方法があります。たとえば、各地の職業安定所（ハローワーク）での募集、求人誌などの紙媒体への掲載、インターネット上の求人サイトへの掲載、大学・専門学校・高校などへの求人募集、チラシの配布や掲示、従業員や知人の紹介などです。求人の方法自体は、正社員を募集するときと基本的には同じです。パートタイマーやアルバイトを専門とする求人誌や求人サイト、近年では短時間アルバイト専用のスマホアプリもあります。

　求人を掲載する時は、賃金、就労場所、業務内容などについて、応募者が誤解しないよう、わかりやすく募集条件を示すことが求められます。とくに1日の労働時間や労働日数、各種保険への加入の有無などは、正社員よりも労働時間が短いパートタイマーやアルバイトの就業先を選ぶときに、応募者が気になるポイントですから、詳細な情報が必要とされます。

　また、男女雇用機会均等法では「事業主は、労働者の募集及び採用について、その性別にかかわりなく均等な機会を与えなければならない」（5条）と定めています。したがって、「男性のみ採用」「〇〇レディ募集」などのように、一方の性別のみを募集する広告は、原則として作成することができません。

　その他、雇用対策法には「事業主は、労働者がその有する能力を有効に発揮するために必要であると認められるとき…は、労働者の募集及び採用について、…その年齢にかかわりなく均等な機会を与えなければならない」（9条）という規定があります。高年齢者雇用安定法には「事業主は、労働者の募集および採用をする場合において、やむ

を得ない理由により一定の年齢（65歳以下に限る）を下回ることを条件とするときは、求職者に対し、…当該理由を示さなければならない」（20条）という規定があります。

これらの規定は、求人の際に応募者の年齢層を限定し、その年齢層に該当しない者の応募を制限することを禁止することを目的にしています。長期勤続によるキャリア形成を図るなど、合理的な理由がなければ、年齢制限は認められないことは知っておく必要があります。これらの求人に関する制限はすべての労働者が対象になります。

■ 重要な労働条件は書面で明示する

労働契約を締結するに際しては、賃金、就労場所、労働時間などさまざまな労働条件についての合意が必要です。労働契約は「双方の合意」があれば成立するため、場合によっては、口頭での説明だけで済ませてしまうことがあります。とくにパートタイマーやアルバイトの場合、面接も短時間で済ませて、契約書すら取り交わさないこともあります。労働者と使用者の関係が良好であれば、大きな問題は生じませんが、何らかの問題が生じてお互いの信頼関係が崩れた場合は、大きなトラブルに発展してしまうケースもあります。

このようなトラブルを避けるため、労働基準法では、労働契約の締

■ 求人と契約時の注意点

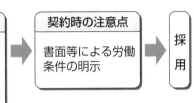

結に際しては、使用者が労働者に対し、一定の労働条件を「労働条件通知書」という書面で明示することを義務づけています。

■ 労働条件通知書で明示すべき事項は何か

労働基準法15条・労働基準法施行規則5条により、文書による明示が義務づけられているのは、次のような事項です。
・労働契約の期間に関する事項
・有期労働契約を更新する場合の基準に関する事項（通算契約期間または有期労働契約の更新回数に上限の定めがある場合には当該上限を含む）
・就業の場所および従事すべき業務に関する事項（就業の場所および従事すべき業務の変更の範囲を含む）
・始業および終業の時刻、所定労働時間を超える労働の有無、休憩時間、休日、休暇、就業時転換（交代制就業における交代期日や交代時間など）に関する事項
・賃金の決定・計算・支払方法、賃金の締日および支払時期に関する事項、昇給に関する事項
・退職（解雇の事由を含む）に関する事項

この他、労働契約で定めをする場合は、最低でも口頭で明示すべきとされている事項として、次のようなものがあります。
・退職手当の支払対象者の範囲、退職手当の決定・計算・支払方法、退職手当の支払時期に関する事項
・臨時に支払われる賃金、賞与など、最低賃金額に関する事項
・労働者に負担させるべき食費、作業用品その他に関する事項
・安全および衛生に関する事項
・職業訓練に関する事項
・災害補償および業務外の傷病扶助に関する事項
・表彰および懲戒に関する事項

・休職に関する事項

　なお、厚生労働省は「労働条件通知書」のフォーマットをホームページ上で提供しています（https://www.mhlw.go.jp/stf/seisakunitsuite/bunya/koyou_roudou/roudoukijun/roudoukijunkankei.html）。一般労働者用、短時間労働者用、派遣労働者用といった労働形態を考慮して作成されていますので、参考にすると便利です。

■ 労働条件通知書は就業規則に優先する

　就業規則は、事業所ごとに始業時間、就業時間、賃金体系などを定めています。しかし、労働者が就業する際に優先的に適用されるのは、労働条件通知書に明示された労働条件です。就業規則が事業所の全労働者に適用される汎用的なものであるのに対し、労働条件通知書は個別の労働者の諸事情を考慮して定めているからです。

　ただし、労働条件通知書に明示された労働条件が就業規則の基準を下回る場合は、その労働条件が無効になり、就業規則の基準が適用されることに注意を要します（労働契約法12条）。

　労働条件通知書に明示された労働条件以外は、就業規則の内容が適用されます。たとえば、賃金や退職など文書による交付が義務づけられている項目について、就業規則の規定に従う場合は、書面化した就業規則を交付することで「文書による明示」を満たすので、労働条件通知書への詳細な記載を省略できます。

■ 契約期間を定めるかどうかを決める

　労働者を雇用するにあたり、契約期間を定めた有期契約（有期雇用）にすることもできます。使用者側の事情である「産休の正社員が復帰するまでの代替要員」「システム開発期間だけのサポート要員」を求める場合や、労働者側の事情である「留学資金が貯まるまでの就労希望」である場合など、労使双方において有期契約とするメリットもあります。

書式　労働条件通知書

(短時間労働者用;常用、有期雇用型)

労働条件通知書

令和○○年 ○月 ○日

○○○○ 殿

事業場名称・所在地　㈱××マーケット　東京都○○市○○
使用者職氏名　×××

契約期間	期間の定めなし・(期間の定めあり)（令和○○年 ○月 ○日～ ○○年 ○月 ○日） ※以下は、「契約期間」について「期間の定めあり」とした場合に記入 1 契約の更新の有無 ・(自動的に更新する)・更新する場合があり得る・契約の更新はしない・その他（　　　）] 2 契約の更新は次により判断する。 　・契約期間満了時の業務量　　・(勤務成績、態度) 　・会社の経営状況　　・従事している業務の進捗状況　　・(能力) 　・その他（　　　） 3 更新上限の有無 (無)・有（更新　　回まで／通算契約期間　　年まで）） 【労働契約法に定める同一の企業との間での通算契約期間が5年を超える有期労働契約の締結の場合】 　本契約期間中に会社に対して期間の定めのない労働契約（無期労働契約）の締結の申込みをすることにより、本契約期間の末日の翌日（　年　月　日）から、無期労働契約での雇用に転換することができる。この場合の本契約からの労働条件の変更の有無（　無　・　有（別紙のとおり）） 【有期雇用特別措置法による特例の対象者の場合】 無期転換申込権が発生しない期間：Ⅰ（高度専門）・Ⅱ（定年後の高齢者） Ⅰ 特定有期業務の開始から完了までの期間（　年　月（上限10年）） Ⅱ 定年後引き続いて雇用されている期間
就業の場所	(雇入れ直後)××マーケット△△△店（変更の範囲）
従事すべき 業務の内容	(雇入れ直後)レジ打ち、商品の納入・搬出・陳列（変更の範囲） 【有期雇用特別措置法による特例の対象者（高度専門）の場合】 ・特定有期業務（　　開始日：　　　　　完了日：　　　）
始業、終業の 時刻、休憩時 間、就業時転 換（(1)～(5) のうち該当す るもの一つに ○を付けるこ と。）、所定時 間外労働の有 無に関する事 項	1 始業・終業の時刻等 (1) 始業（ 14 時 00 分）　終業（ 17 時 00 分） 【以下のような制度が労働者に適用される場合】 (2) 変形労働時間制等；（　）単位の変形労働時間制・交替制として、次の勤務時間の組み合わせによる。 　・始業（ 時 分）終業（ 時 分）（適用日　　　　） 　・始業（ 時 分）終業（ 時 分）（適用日　　　　） 　・始業（ 時 分）終業（ 時 分）（適用日　　　　） (3) フレキシブルタイム制；始業及び終業の時刻は労働者の決定に委ねる。 　　（ただし、フレキシブルタイム（始業）　時　分から　時　分、 　　　　　　　　　　　　　　　（終業）　時　分から　時　分、 　　　　　　　　　　コアタイム　　　　　時　分から　時　分） (4) 事業場外みなし労働時間制；始業（　時　分）終業（　時　分） (5) 裁量労働制；始業（　時　分）終業（　時　分）を基本とし、労働者の決定に委ねる。 ○詳細は、就業規則第○条～第○条、第　条～第　条、第　条～第　条 2 休憩時間（　　）分 3 所定時間外労働の有無 　　　(有)　（1週 2 時間、1か月 6 時間、1年 60 時間）、無 ） 4 休日労働 有 （1か月　　日、1年　　日）、(無) ）
休　日 及び 勤　務　日	・定例日；毎週 火・木・日 曜日、国民の祝日、その他（1/1～1/3,8/10,8/17） ・非定例日；週・月当たり　　日、その他（　　　　） ・1年単位の変形労働時間制の場合―年間　　日 　（勤務日） 毎週（　　　　　）、その他（　　　　　） ○詳細は、就業規則第○条～第○条、第　条～第　条
休　暇	1 年次有給休暇　6か月継続勤務した場合→　　 7 日 　　　　　　　継続勤務6か月以内の年次有給休暇（有・(無)) 　　　　　　　→　か月経過で　　日 　　　　　　　時間単位年休（有・(無)) 2 代替休暇（有・(無)) 3 その他の休暇　有給（　　　　　　）無給（育児・介護休暇等） ○詳細は、就業規則第○条～第○条、第　条～第　条

(次頁に続く)

賃　金	1	基本賃金　イ　月給（　　　　円）、ロ　日給（　　　　円）
		○ハ　時間給（**1200**円）、
		ニ　出来高給（基本単価　　　　円、保障給　　　　円）
		ホ　その他（　　　　　　円）
		ヘ　就業規則に規定されている賃金等級等
	2	諸手当の額又は計算方法
		イ（　　　　手当　　　　円　／計算方法：　　　　　　　　）
		ロ（　　　　手当　　　　円　／計算方法：　　　　　　　　）
		ハ（　　　　手当　　　　円　／計算方法：　　　　　　　　）
		ニ（　　　　手当　　　　円　／計算方法：　　　　　　　　）
	3	所定時間外、休日又は深夜労働に対して支払われる割増賃金率
		イ　所定時間外、法定超　月６０時間以内（ 25 ）％
		月６０時間超　（ 50 ）％
		所定超（ 25 ）％
		ロ　休日　法定休日（ 35 ）％、法定外休日（ 25 ）％
		ハ　深夜（ 25 ）％
	4	賃金締切日（1と3の賃金）－毎月20日、（　　　）－毎月　　日
	5	賃金支払日（1と3の賃金）－毎月25日、（　　　）－毎月　　日
	6	賃金の支払方法（　**銀行振込**　）
	7	労使協定に基づく賃金支払時の控除（無）、有（　　　　　））
	8	昇給（　有（時期、金額等　　　　　　　　）, （無））
	9	賞与（　有（時期、金額等　　　　　　　　）, （無））
	10	退職金（　有（時期、金額等　　　　　　　　）, （無））
退職に関する事項	1	定年制（有（　歳），（無））
	2	継続雇用制度（有（　歳まで），無）
	3	創業支援等措置（有（　歳まで業務委託・社会貢献事業），無）
	4	自己都合退職の手続（退職する 14 日以上前に届け出ること）
	5	解雇の事由及び手続　[　就業規則に従い解雇する　　　　　　　]
		○詳細は、就業規則第○条～第○条、第　条～第　条
その他		・社会保険の加入状況（　厚生年金　健康保険　その他（　　））
		・雇用保険の適用（　有　,（無））
		・中小企業退職金共済制度
		（加入している　,（加入していない）（※中小企業の場合）
		・企業年金制度（　有（制度名　　　　　　　　）,（無））
		・雇用管理の改善等に関する事項に係る相談窓口
		部署名　**総務課**　担当者職氏名　○○○○　（連絡先○○-○○○○-○○○○）
		・その他
		・具体的に適用される就業規則名（**パートタイマー就業規則**）

※以下は、「契約期間」について「期間の定めあり」とした場合についての説明です。
労働契約法第18条の規定により、有期労働契約（平成25年4月1日以降に開始するもの）の契約期間が通算5年を超える場合には、労働契約の期間の末日までに労働者から申込みをすることにより、当該労働契約の期間の末日の翌日から期間の定めのない労働契約に転換されます。ただし、有期雇用特別措置法による特例の対象となる場合は、無期転換申込権の発生については、特例的に本通知書の「契約期間」の「有期雇用特別措置法による特例の対象者の場合」欄に明示したとおりとなります。

以上のほかは、当社就業規則による。就業規則を確認できる場所や方法（　**休憩室内に掲示**　）

※ 本通知書の交付は、労働基準法第１５条に基づく労働条件の明示及び短時間労働者及び有期雇用労働者の雇用管理の改善等に関する法律（パートタイム・有期雇用労働法）第６条に基づく文書の交付を兼ねるものであること。
※ 労働条件通知書については、労使間の紛争の未然防止のため、保存しておくことをお勧めします。

第２章　◆　パートタイマーの法律と実務ポイント　　73

使用者と労働者の双方が合意していれば、契約期間の有無は問われません。しかし、契約期間を定める場合は、原則３年（高度な専門知識等を有する労働者または満60歳以上の労働者は５年）の上限が設定されていますので注意が必要です（40ページ）。

　契約期間の定めの有無は、契約解除の取扱いに関して差となって現れます。期間満了によって契約が終了する有期契約については、原則として期間の途中で契約を解除することが認められません。例外的に、やむを得ない事情がある場合に限り、契約期間内での契約解除が認められる場合がありますが、その場合でも、契約当事者の一方に落ち度（過失）があり、相手方に損害が生じてしまった場合には、相手方に生じた損害を賠償する義務を負います。

　これに対して、契約期間に定めがない無期契約であれば、２週間前までに申入れをしておくことで、基本的にはいつでも契約解除が可能です。ただし、使用者が労働者を解雇する場合は、労働基準法の規定に従い、30日以上前に予告をするか、代わりに、30日分以上の平均賃金（解雇予告手当）支払わなければならず、また、解雇権濫用法理による解雇制限があります。

■■ 労働時間の長さや始業、終業時間を決める

　労働時間や始業・終業の時間は、労働者にとって賃金と並んで重要な事項です。パートタイマーやアルバイトという雇用形態を選択する労働者は、「子どもを幼稚園にお迎えに行く時間には帰宅したい」「学生なので授業のある時間まで残業はできない」などの時間的な制約が存在するのが通常です。始業・終業の時間は、応募者が就業先を決めるための大切な要素になるため、労働契約を締結する際には双方で十分に確認をしておきましょう。

　始業・終業の時間は、就業規則の中に必ず記載しなければならない事項（絶対的必要記載事項）のひとつです。ほとんどの会社では標準

的な就業時間が定められています。就業規則に始業・終業の時間を定め、その就業規則の交付によって労働条件を明示したことにすればよいのですが、だからといって、必ずしも就業規則の範囲内で働かせなければならないことにはなりません。

　使用者と労働者の間で合意があれば、法令の範囲内で、業務の内容や個々の事情を考慮した上で、複数の始業・終業時間を定めることが認められます。この場合は、労働条件通知書などの様式を使い、始業・終業の時間を文書で明示する必要があります。

■■ 試用期間についても定める

　試用期間とは、一般的に会社（使用者）が正社員としての本採用を検討している労働者を有期契約によって雇用し、仕事への適性や能力、職場での働きぶりなどを評価する期間をいいます。

　試用期間中は給与が低く設定されている場合や、時間外勤務や休日勤務をさせないなどの扱いがなされる場合もあります。試用期間の長さについて、とくに法令上の制限はありませんが、1～6か月程度の間で、その事業所に適した期間を考慮して設定されます。

　試用期間であっても、労働契約を締結していることに変わりはありません。そのため、使用者が試用期間後の本採用を拒否することは解雇と同視されるので、30日以上前に予告をするか、解雇予告手当を支払う必要があるとともに、合理的な理由や社会一般から見て相当性のない本採用の拒否は無効になります（解雇権濫用）。

　しかし、試用期間中に無断遅刻・欠勤を繰り返す、仕事への意欲が薄い、協調性に欠けるなど、労働者が適性を欠くと判断される事情がある場合は、裁判になっても、本採用の拒否に合理的な理由や相当性が認められて有効になる可能性があります。なお、試用期間中の解雇について、試用期間の開始から14日以内であれば、解雇予告などをしなくても解雇ができます（労働基準法21条）。

パートタイマーやアルバイトの場合も、試用期間を設けることが可能です。ただし、短期間の雇用であることがあらかじめわかっている場合や、仕事内容が1～2日の研修でできるような単純な内容である場合などには、試用期間を定めないこともできます。試用期間の有無や、その期間を定める場合は、その都度、会社の事情や業務の内容によって判断することが重要です。

■■ 採用時に提出してもらう書類は何か

　労働者を雇用する場合は、雇用の形態を問わず、履歴書の提出を求めます。添付書類として、住所や年齢の確認ができる書類（免許証、学生証などのコピー）、通勤経路を記載した書類、扶養控除等申告書、個人番号カードまたは通知カード（マイナンバーが記載された書類）のコピーなどを提出してもらいます。会社によっては、守秘義務についての誓約書や、1～2名の身元保証契約書などの提出を求める場合もあります。

　非正規社員であっても、雇用保険、健康保険、厚生年金保険などの社会保険が適用される場合には、雇用保険被保険者証、基礎年金番号通知書または年金手帳などの書類を提出する必要があります。

■ パートタイマーを採用するときに提出してもらう書類

おもに必要なもの	該当すれば必要となってくるもの
履歴書（職務経歴書を含む）	雇用保険被保険者証
免許証または学生証のコピー	基礎年金番号通知書または年金手帳
扶養控除等（異動）申告書	源泉徴収票
通勤経路を記載した書類	在学証明書(高校生) 住民票記載事項証明書(年少者)
個人番号カードまたは通知カードのコピー	※資格証明書
※守秘義務誓約書　※身元保証契約書	※会社によっては提出を求めないところもある

相談 求人広告記載の労働条件

Case 求人雑誌の広告を見て採用試験を受けましたが、最終面接で広告内容よりも低い給与額を提示されました。法的に問題はないのでしょうか。

回答 労働者が会社の従業員として働く場合、労働契約を結びます。労働契約とは労働者がその会社の労働者として働くことと、それに対して会社が労働者に賃金を支払うことを約束することです。

労働契約は、求職者の応募時点で結ばれるわけではなく、会社側が採用面接などの段階を経て採用を決定した時点で、はじめて成立します。つまり、求人広告や求人票、Webサイトに記載した労働条件は、確定した労働条件ではなく、一応の目安にすぎないのです。したがって、募集広告に載っていた労働条件と実際に結ぶ労働条件が異なっていても、労働者が了承すればそれでよいことになります。

今回のケースでは募集広告を下回る金額が提示されていますが、会社側の対応に法的な問題はなく、後は労働者側が提示された額について合意するかどうか、という話になります。広告内容よりも低い給与額が提示されたことには理由があるはずですから、その理由を確認し、会社側の言い分に納得したのであれば、条件を受け入れて労働契約を結んでもよいでしょう（もちろん拒否も可能です）。ただし、労働者に対して支払われる給与（賃金）については最低賃金法の規制を受けるため、事前に就労する都道府県の最低賃金を調査した上で、最低賃金額を下回っていないかを確認する必要があります。

相談 研修に対する賃金の有無

Case 採用を前提に会社の研修に参加させられることになったので

すが、研修は無給だそうです。法的に問題はないのでしょうか。

回答 労働時間とは、労働者が使用者の指揮命令下に置かれている時間をいいます。最高裁判例によると、労働時間に該当するかどうかは、労働者の行為が使用者の指揮命令下に置かれたものと評価できるかどうかによって客観的に決定され、労働契約、就業規則、労働協約などの定めによって決定されるものではありません。

　本ケースの研修にもさまざまな種類がありますので、労働時間にあたるか否かも、研修の形態により異なると考えられます。一般に採用前に行われる研修は自由参加であって、採用希望者が出席しない場合でも、何らかの不利益が与えられるものではありません。このような形態の研修であれば、会社の指揮命令下で行われる業務ということは難しいため、研修時間は労働時間にあたらず、無給とすることにも法的な問題はありません。

　しかし、採用前の研修でも、その参加が会社側から強制されている（事実上の強制を含みます）など、研修が会社の指揮命令下で行われていると評価されるときは、研修時間が労働時間にあたると判断され、会社は賃金を支払うことが必要です。この場合に研修を無給とすることは、労働基準法違反にあたります。

相談　試用期間中の解雇

Case パートタイマーとして採用した従業員について、7日間の試用期間満了を待たず、5日目に本採用の拒絶をしたのですが、解雇手当を要求されました。支払いが必要でしょうか。

回答 試用期間は、労働者にとっては、それが終わると本採用にしてもらえる期待が膨らむのと同時に、不安定な地位にある期間です。

パートタイマーなどの非正規社員であったとしても、試用期間中は就職活動が中断するので、本採用をしてもらえなかった場合に労働者の受けるマイナスは大きなものがあります。

　試用期間というのは、労働者の能力や適性を見極めて、その会社の労働者としてふさわしいか、業務を遂行していけるかを判断するための期間です。試用期間中に解雇予告または解雇予告手当の支払うことなく解雇（本採用の拒否）できるのは、就業規則などに試用期間を定めていることを前提として、入社後14日以内に限定されます（労働基準法20条）。したがって、入社後14日を経過した場合は、試用期間中の労働者を解雇する際に解雇予告または解雇手当の支払いが必要です。この「14日」は労働者の労働日や出勤日でなく、暦日でカウントしますので、土日祝日も含めることに注意が必要です。

　本ケースのように、会社側が入社日から14日以内に本採用しないことを労働者に伝えれば、解雇手当の支払いは不要です。ただし、合理的な解雇理由（本採用拒絶理由）があることは当然必要になりますが、試用期間中の解雇については、通常の解雇に比べて解雇理由の制限が緩やかに考えられることになっています。

相談　試用期間中の残業代

Case　やる気を判断するため、試用期間中のパートタイマーに若干残業させたところ、残業代を要求されました。大した貢献もしていないので拒否したいのですが。

回答　試用期間は、会社側が採用した労働者の適性を見極めるために設ける期間ですが、結論として「試用期間だから残業代を払わない」という会社の考えは労働基準法に違反します。残業した労働者に対しては時間外手当（残業手当）を支払う義務があります。とくに1

日8時間の法定労働時間を超えて労働させたときは、試用期間であるかどうか、正社員であるかどうかに関係なく、8時間を超えた分に対して、原則125％以上の割増賃金（時間外手当）を支払う必要があります（労働基準法37条）。

こうした場合に会社側が残業代の支払いを拒絶すると、労働者は労働基準監督署などの公的機関に相談し、残業代の支払いを請求してくる可能性があります。労働基準監督官による立入調査などを受ける可能性も否定できません。会社側には、試用期間中の労働は利益に直結しないといった不満があるかもしれませんが、残業をさせた以上は、その必要があったわけですから、試用期間中であっても会社の利益に立派に貢献しているといえます。

なお、試用期間中であることを理由に、労働条件を本採用後の労働条件よりも低めに設定すること自体は違法ではありません。だからといって、試用期間中の時間外労働、休日労働、深夜労働に対する割増賃金の請求ができないことにはなりません。

相談　年少者の労働制約

Case　18歳未満の者を雇うときには法律上の制約があると聞きましたが、どのような制限でしょうか。

回答　労働基準法では、満15歳に達した日以後の最初の3月31日が終了するまでの者、つまり義務教育期間を終了するまでの者の使用を原則として禁止しています（56条）。したがって、義務教育期間を終了した者であれば、これを使用することができますが、未成年者（満18歳未満の者）の労働契約については、労働基準法が以下のような制限を設けて、その労働環境を保護しています。

① 親権者または後見人が未成年者に代わって契約を締結してはなら

ない（58条1項）
② 労働契約の内容が未成年者に不利であると認められる場合、親権者あるいは後見人または行政官庁（労働基準監督署）が労働契約を解除することができる（58条2項）
③ 未成年者の賃金を親権者あるいは後見人が代わって受け取ってはならない（59条）。
④ 交替制で使用する場合を除いて、使用者が午後10時から午前5時までの間において使用することが原則禁止される（61条）
⑤ 使用者が満18歳未満の労働者の年齢を証明する戸籍証明書を事業所に備え付けることが義務づけられる（57条）。
⑥ 解雇した満18歳未満の労働者が14日以内に帰郷する場合、使用者が原則として必要な旅費を負担する義務を負う（64条）。

相談　障害者の就労支援

Case　私は身体障害者で求職活動を考えています。法律などにおいて、障害者の雇用についてどんなサポートがありますか。

回答　障害者の就労支援については、国や市区町村によりさまざまな取り組みが行われており、法律の整備などもあって、障害者が働きやすい環境も徐々に整えられています。

障害者雇用促進法の規定によって、障害者の就労の場を拡大するため、従業員が常時40人以上（令和8年7月からは常時37.5人以上）の企業（事業主）は「障害者雇用推進者」を設置することが努力義務とされています。障害者雇用推進者は、障害者が安心して就労できる環境づくり、雇用状況の把握、雇入れ計画の策定などを行います。さらに、5人以上の障害者が就労する事業所では、障害者職業生活相談員を選任し、その者に障害者の就労にまつわる相談や指導を行わせなけ

ればなりません。

　障害者の雇用率が低い企業に対しては、法定雇用率2.5％（令和8年7月からは2.7％）を達成するように指導が行われ、達成率が悪いときは適正実施勧告が行われます。また、障害者雇用納付金制度により、法定雇用率を達成していない企業で常時雇用する労働者が100人を超える企業は、納付金の申告・納付が必要です。一方、法定雇用率を達成している企業に対しては、障害者雇用調整金や報奨金が支給されます。

相談　外国人労働者の在留資格や待遇

Case　在留資格のある外国人は日本人労働者と同じ待遇で働くことができるのでしょうか。

回答　在留資格とは、外国人が日本に入国や在留して行うことができる行動等を類型化したものです。入管法では、日本に在留する外国人は、入管法や他の法律に規定がある場合を除き、「在留資格」をもって在留すると規定しています。これを受けて、入管法の「別表第一」「別表第二」に29の在留資格を定めています。別表第一では、高度専門職や特定技能の1号・2号と技能実習の1号・2号・3号をまとめて1種類の在留資格に分類していますが、これらを別種類であると数えると33の在留資格になります。在留資格については、その種類別に許される仕事が決められています（次ページ図）。たとえば、外国人を採用して通訳や翻訳業務を担当させるためには「国際業務」の在留資格を取得している必要があります。

　また、在留資格には期間（在留期間）が決められており、在留期間の経過後も日本に在留したい場合は、在留資格を更新しなければなりません。在留資格を更新せず、在留期間が切れた外国人は不法就労になります。不法就労の外国人は処罰されて、国外に強制退去させられ

るとともに、最大10年間は日本に再入国ができなくなります。

さらに、適法な在留資格に基づかずに外国人を就労させた使用者についても「不法就労助長罪」として、3年以下の拘禁刑または300万円以下の罰金に処せられる場合があります。

なお、法務大臣により「高度専門職1号」に認定された後、3年以上在留している外国人が「高度専門職2号」に認定されると、在留期間が無期限になるなど、幅広い優遇措置が認められます。

● **外国人労働者の待遇**

たとえ不法就労者であっても、労働関係の法律（労働組合法、労働基準法、最低賃金法、職業安定法、労働安全衛生法、労働者派遣法など）の規定が適用されます。たとえば、法定労働時間を超えて外国人を労働させた場合は、労働基準法違反になります。労働基準法3条では、賃金、労働時間その他の労働条件について、国籍を理由とする差別的待遇を禁止していますから、日本人と同じ仕事をさせているにもかかわらず、外国人に安い賃金しか支払わないのは違法です。

■ 就労が認められるおもな在留資格

在留資格	内　容	在留期間
教育	教育機関で語学の指導をすること	5年、3年、1年または3か月
医療	医療についての業務に従事すること	5年、3年、1年または3か月
興行	演劇やスポーツなどの芸能活動	3年、1年、6月、3か月または30日
法律・会計業務	外国法事務弁護士、外国公認会計士などが行うとされる法律・会計業務	5年、3年、1年または3か月
技術・人文知識・国際業務	理学・工学・人文科学などの技術や知識を要する業務	5年、3年、1年または3か月
報道	外国の報道機関との契約に基づいて行う取材活動	5年、3年、1年または3か月

相談 外国人労働者を雇うには

Case 外国人を雇用するときには、どのような点に注意する必要がありますか。

回答 外国人を雇用する場合、まず外国人向けの労働条件通知書、雇用契約書（労働契約書）、就業規則などの整備が必要です。厚生労働省から外国人向けの労働条件通知書のモデルが公開されていますので、それを参考に外国人向けの労働条件通知書を整備しましょう。

雇用契約書については、専業の労働者として雇用する場合の契約書の他に、外国人留学生をアルバイトなどで雇用する場合の契約書を用意しておきます。日本語の書式と同じ内容を記載した、外国人の母国語の契約書を用意するとよいでしょう。いずれの場合も「在留カード」（氏名、在留資格、在留期間などが記載されています）の提示を求めて、不法就労にならないのを確認することが必要です。

とくに「留学」の在留資格で在留する外国人の場合、労働時間については、原則として1週28時間以内という上限があることに気をつけなければなりません。外国人の母国で慣習として行われていることでも、日本の会社では違反扱いになってしまうこともあります。外国人労働者が無意識のうちに違反扱いになることを防ぐためにも、自社の労働条件や就業規則などを母国語で記載した書面を用意し、採用する時点で十分に理解してもらうようにしましょう。

●**外国人労働者の労働保険・社会保険の加入**

労災保険・雇用保険については、外国人労働者も日本人労働者と同様に加入しますので、外国人労働者も含めて労災保険料、雇用保険料を納付します。雇用保険の場合、1週間の労働時間が20時間（令和10年10月からは10時間）未満の労働者であれば加入対象から除外されますので、外国人労働者の労働条件と照らし合わせて加入の要否を判断

します。
　社会保険（健康保険・厚生年金）については、法人の形態で経営している企業であれば、外国人労働者も含めて所定の要件を満たす労働者に加入義務が生じます。健康保険は、被保険者本人は保障対象となりますが、被扶養者は原則として国内居住者のみに限定されるため、本国の扶養家族は保障対象外となります。厚生年金は、本国の制度との二重加入の防止や、受給資格期間の調整をする目的で、日本が諸外国と「社会保障協定」を結んでいます。したがって、その外国人労働者の本国と社会保障協定が結ばれているかどうかを確認します。外国人労働者が本国に帰国する際に、日本で支払った保険料がムダにならないようにするための脱退一時金という制度もあります。社会保険の加入義務が生じる場合には丁寧に説明するようにしましょう。

●**外国人留学生を雇用する場合の注意点**
　日本国内で雇用することができる外国人は「高度な専門的能力を持った人材」に限られています。外国人を雇用する際には、その外国人の学歴・経歴、従事させようとする業務が本人の有する技術や知識を活かせるものか、本人の技術や知識を活かすことができる機会が企業に存在するのか、という点に注意する必要があります。

相談　技能実習制度

Case　技能実習制度とはどんな制度なのでしょうか。注意点があれば教えてください。

回答　技能実習制度とは、外国人が技能・技術や知識の修得などを目的に日本の企業に雇用され、業務活動を行う制度です。
　技能実習制度においては、技能実習生を受け入れる会社などが技能実習計画を策定し、厚生労働大臣や法務大臣といった主務大臣に提出

した上で、その技能実習計画が適正であることについて認定を受ける必要があります。

また、技能実習制度を利用する外国人は「技能実習」という在留資格に基づいて、技能実習を受けることになります。技能実習の在留資格は、技能実習の種類に応じて1号・2号・3号の3種類に分類されています。なお、技能実習2号を良好に修了した外国人については、在留資格の「特定技能1号」に移行することが可能です。その際、特定技能1号に必要な技能試験や日本語試験が免除されます。また、在留期間については、技能実習の3年の滞在に加えて、特定技能1号では5年の滞在が認められます。

相談　育成就労制度

Case 技能実習制度の見直しとこれに代わる新たな制度について教えてください。

回答 技能実習制度については、入管法や労働関係法令の違反が絶えず、以前から制度目的と運用実態がかけ離れているなど、さまざまな問題点が指摘されていました。そこで、技能実習制度の見直しが行われ、令和6年6月14日、新たな制度として「育成就労制度」を設ける入管法などの改正が成立しました。

育成就労制度は、未熟練労働者として受け入れた外国人を、基本的に3年間の就労を通じた育成期間で、特定技能1号の技能水準の人材に育成することをめざす制度です。改正が施行されると、育成就労制度の創設に伴い、従来の技能実習制度（技能実習の在留資格）は廃止されます。これに対し、特定技能制度は、人手不足分野において即戦力となる外国人を受け入れるという現行制度の目的を維持しつつ、制度の適正化を図った上で引き続き存続します。そして、「育成就労産

業分野」に属する技能を要する業務に従事すること等を内容とする「育成就労」の在留資格が新たに導入されます。あわせて、これまでの技能実習法が「育成就労法」という名称に改められます。

技能実習生と受入れ企業の間に入る監理団体については、その名称が「監理支援機関」に変更され、不適切な就労を放置する悪質な団体を排除するため、許可要件が厳格化されます。

育成就労計画の認定にあたっては、育成就労の期間が原則3年以内であること、業務、技能、日本語能力その他の目標や内容、受入れ機関の体制、外国人が送出機関に支払った費用額等が基準に適合していること、といった点が要件になります。

さらに、技能実習制度では、本人が同じ職種の他企業に移る転籍は原則として認められていませんでしたが、育成就労制度では、一定の要件の下で本人の意向による転籍が認められるとともに、やむを得ない事情がある場合による転籍の範囲が拡大・明確化されました。

■ 技能実習制度と育成就労制度の比較

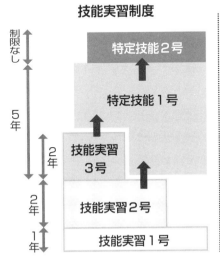
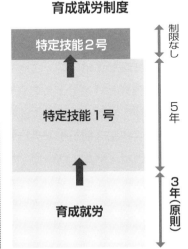

5 パートタイマーも社会保険・労働保険に加入できる

週・月の所定労働時間・日数が正社員の4分の3が目安

■■ 社会保険に加入するのはなぜか

　国民の生活を保障するために整備された公的な保険制度のことを社会保険といいます。具体的には、医療保険（健康保険・国民健康保険）、年金保険（厚生年金保険・国民年金）、雇用保険、労災保険の4つを指します（広い意味での社会保険）。これに対し、厚生年金保険と健康保険の2つを指して「社会保険」と呼ぶことも多く（狭い意味での社会保険）、労働保険（雇用保険と労災保険の総称）と対比されます。ここでは厚生年金保険と健康保険について見ていきましょう。

　厚生年金保険と健康保険は、事業者（会社など）と労働者が保険料を折半して負担します。事業者としては大きな負担ですが、労働者の健康を維持することや老後の安心を支えることは重要な社会貢献であり、ひいては事業の継続的な発展にも結びつくものです。

　健康保険と厚生年金保険の適用事業所になるのは、①常時従業員を使用するすべての法人、国、地方公共団体の事業所と、②常時5人以上の従業員を使用する一定の事業（製造、土木建築、運送、金融保険、教育研究調査、通信、士業など）の個人事業所です。これらの適用事業所が使用するフルタイムの一般労働者（正社員など）は、すべて被保険者（制度に加入する人のこと）になるのが原則です。

　一方、パートタイマーなどの非正規社員については、1週間の所定労働時間および1か月の所定労働日数が同じ事業所で同様の業務をする一般労働者の4分の3以上である場合に被保険者になります。さらに、1週間の所定労働時間または1か月の所定労働日数が一般労働者の4分の3未満であるとしても、次の5要件をすべて満たす場合は被

保険者になります。
① 週の所定労働時間が20時間以上あること
② 雇用期間が２か月を超えることが見込まれること
③ 賃金の月額が8.8万円以上であること
④ 学生でないこと（定時制や通信制の学生は適用）
⑤ 常時51人以上の被保険者を有する企業（特定適用事業所）に勤めていること

なお、③の賃金要件については、今年予定されている年金制度改革法案の公布より３年をめどに廃止する方針で、⑤の企業規模要件については令和17年（2035年）10月の廃止に向けて段階的に規模を緩和させる方針で進められています。

■■ 労働保険は適用されるのか

労働保険は雇用保険と労災保険（労働者災害補償保険）の総称です。雇用保険とは、退職、勤務先の倒産やリストラなどで失業した労働者等に対し、生活支援や職業訓練などを行い、その生活と雇用の安定を図るための制度です。労災保険とは、労働者の業務上、通勤上の事由による傷病や死亡などに対し、迅速かつ公正に必要な補償を行うための制度です。労働保険はどちらも政府管掌であり、原則として労働者

■ パートタイマーと労働保険・社会保険の適用

保険の種類		加入するための要件
労働保険	労災保険	なし（無条件で加入できる）
	雇用保険	31日以上引き続いて雇用される見込みがあり、かつ、１週間の労働時間が※20時間以上であること
社会保険	健康保険	原則として、１週間の所定労働時間および１か月の所定労働日数が、同じ事業所で同様の業務をする正社員の４分の３以上であること（従業員数が常時51人以上の企業では要件が緩和されている）
	厚生年金保険	

※令和10年10月からは10時間以上

を雇用するすべての事業所が適用事業所となります。雇用保険の保険料は、事業者と労働者の双方（事業者の負担割合が大きい）が負担しますが、労災保険は事業者のみの負担です。

　パートタイマーなどの非正規社員に労働保険が適用されるかという点については、雇用保険と労災保険で扱いが異なります。

　雇用保険の場合は、①１週間の所定労働時間が20時間未満の者、②31日以上継続して雇用される見込みのない者、③季節的に雇用される者であって４か月以内の期間を定めて雇用される者などは、雇用保険の被保険者になりません。①②を見ると、パートタイマーなども、31日以上継続雇用される見込みがあり、１週間あたり20時間以上勤務している人であれば、雇用保険の被保険者になるということができます。

　なお、１週間あたり20時間以上という勤務時間の要件については、令和10年10月からは、１週間あたり10時間以上の人まで拡大されるため、雇用保険に加入できる短時間労働者が増えることが予定されています。一方、労災保険の場合は、雇用保険のような細かい要件はなく、労災保険が適用される事業所（適用事業所）に使用されるすべての労働者が対象になります（労災保険には被保険者という概念はありません）。パートタイマーなどの非正規社員はもちろん、不法就労の外国人労働者にも労災保険は適用されます。事業者が労災保険の加入手続きを怠っている間に労災（労働災害）にあっても、労働者は保険給付を受けることができます。その後、国が加入手続きを怠っていた事業者から保険給付の全部または一部の費用を徴収します。

■ どんな手続きをするのか

　パートタイマーなどを雇用した時に、社会保険の被保険者とする場合は、雇用した事業者（会社など）が所定の手続きをします。社会保険労務士に事務手続きの代行を依頼することもできます。

　健康保険と厚生年金保険の加入手続きについては、事業者が健康保

険組合に加入している場合を除いて、管轄の年金事務所に申請します。加入手続きの際に提出するのは「健康保険・厚生年金保険被保険者資格取得届」です。加入書類の提出は「入社した日（被保険者要件に該当した日）から5日以内」に行うことが必要です。加入対象者に被扶養者（配偶者や子など）がいる場合は、「被扶養者（異動）届・国民年金第3号被保険者関係届」に、被扶養者の状況に応じた必要書類を添付して提出します。

一方、雇用保険の加入手続きは、事業所の管轄ハローワークに申請します。雇用保険の被保険者となる場合は、「雇用保険被保険者資格取得届」を作成し、出勤簿、賃金台帳、雇用契約書などの確認資料を添付し、「被保険者となった日の属する月の翌月10日」までに提出します。労働者が以前に雇用保険に加入していたことがある場合は、労働者から提出を受けた「雇用保険被保険者証」を添付します。労災保険については、適用事業所に雇用される労働者は自動的に加入になりますので、雇用の段階での手続きは不要です。

■■ 社会保険手続きを怠るとどうなる

正社員の場合は、採用した段階で社会保険の加入手続きをするのが当然と考えられていますが、パートタイマーの場合は、所定の要件を満たしているにもかかわらず、会社が経費節減のため加入手続きをしない場合や、パートタイマーが被扶養者でいた方が得だと考えて、被保険者になることを拒んでいる、などの事情から、加入手続きをしていないケースもあります。

しかし、社会保険は所定の要件を満たせば、会社や労働者の意思とは関係なく適用される強制保険です。このため、手続きを怠るとさまざまな支障が生じます。具体的には、正当な理由なく被保険者の資格取得などの届出を行わなかった場合、健康保険や厚生年金保険については6か月以下の拘禁刑または50万円以下の罰金、雇用保険について

は6か月以下の拘禁刑または30万円以下の罰金に処せられます。さらに、年金事務所の調査などで加入手続きを怠っていたと認められると、最長2年間についてさかのぼって保険料の支払いを命じられることがありますので、労働者が所定の要件を満たす場合は、できるだけ早く加入手続きを行うようにしましょう。

■■ 業務災害が起きたときはどうするか

　労働者について業務が原因となって生じた傷病等（負傷、疾病、障害、死亡）を業務災害といい、業務災害による傷病等について保険給付を受ける制度を労災保険といいます。健康保険の被保険者であっても、労災による傷病等の治療などについて健康保険から給付を受けることは「労災隠し」につながるため禁止されています。

　労災保険はすべての労働者の業務災害に適用されます。ただ、保険給付が行われるのは、傷病等の発生状況と原因が一定の条件を満たす場合です。この場合の条件とは、業務と傷病等の間に「業務遂行性」と「業務起因性」が認められるかどうかということです。

　業務遂行性とは、災害発生時に被災労働者が事業主の支配下または管理下にあったかどうかということです。たとえば、休憩時間中であるとしても、会社の指揮命令により業務を行うことができる状態にあれば、業務遂行性があると認められます。

　業務起因性とは、被災労働者の傷病等が業務によって（起因して）起こったかどうかということです。たとえば、工場の機械操作中に誤って手を挟んだという場合がこれにあたります。最近では、建設労働者のアスベスト被害なども業務災害として認められています。

　業務災害が発生した場合は、労働者自身または労働者の遺族が、事業所を管轄する労働基準監督署に労災保険給付の申請を行います（会社が申請を代行することもできます）。申請内容が業務災害にあたるかどうかの認定は、所轄労働基準監督署長が行います。

書式 健康保険厚生年金保険被保険者資格取得届

様式コード 2200

健康保険 厚生年金保険 被保険者資格取得届 / 70歳以上被用者該当届

令和 7 年 7 月 5 日提出

提出者記入欄
- 事業所所在地: 〒141-0000 東京都品川区五反田1-2-3
- 事業所名称: 株式会社 緑商会
- 事業主氏名: 代表取締役 鈴木 太郎
- 電話番号: 03-3321-1123

被保険者1
- 氏名: 高橋 香織 (タカハシ カオリ)
- 生年月日: 昭和58年03月04日
- 個人番号: 210987654321
- 取得(該当)年月日: 令和07年07月01日
- 種別: 2 女
- 報酬月額: (通貨)125,000円 (合計)125,000円
- 被扶養者: 有

※ 75歳以上等で70歳以上被用者該当届のみ提出の場合は、「⑩備考」欄の「1.70歳以上被用者該当」および「5.その他」に〇をし、「5.その他」の( )内に「該当届のみ」とご記入ください。

第2章 ◆ パートタイマーの法律と実務ポイント　93

書式　雇用保険被保険者資格取得届

相談 パートタイマーと通勤災害

Case バイク通勤途中に交通事故を起こし大ケガをしましたが、そもそも私がアルバイト勤務する会社はバイク通勤禁止です。この場合は労災として認められないのでしょうか。

回答 バイク通勤禁止でも通勤の経路・方法が合理的であれば、通勤災害は認定されます。

国が行う労災保険の給付の対象になるのは、「業務災害」と「通勤災害」です。通勤とは、労働者が就業するために、住居と就業場所との間を合理的な経路および方法によって往復することをいいます。そして、本来は業務上の災害とは認められない通勤途中の負傷、疾病、障害または死亡の場合にも、業務上の災害に準じて一定の保険給付が行われています。

会社の中には、従業員を交通事故から守るためにバイクや自転車などでの通勤を禁止している場合が多くあります。しかし、公共交通機関での移動を避けるために会社には無断でバイク通勤をする従業員が出てくる可能性があります。そして、その結果、通勤途中に事故などの災害にあうケースが十分あり得るのです。

ただし、通勤災害に該当するかどうかの認定は、会社ではなく労働基準監督署長が行います。そして、労働基準監督署では、会社の定める規則の内容を判断基準にすることはありません。あくまでも、マイカーでの通勤の経路、方法が合理的であれば通勤災害と認定するのであり、会社がバイク通勤を禁止しているかどうかは関係しません。そのため、後日社内的な処分を受ける可能性があることは別として、通勤の経路・方法が合理的であれば、労災申請自体は認められることになるでしょう。

相談 パートタイマーの健康診断

Case パートタイマーが健康診断を受けさせてほしいと言ってきました。健康診断の費用は本人負担にはできないのでしょうか。

回答 事業者は、労働安全衛生法などに基づき、労働者に健康診断を受けさせなければならない法令上の義務があります。この健康診断の結果に基づき、労働者の健康を維持するために必要がある場合には、就業場所の変更や深夜業の回数の減少など、必要な措置を講じなければなりません（労働安全衛生法66条の5）。

法令上の義務である健康診断には、労働者に対して定期的に実施する「一般健康診断」と、一定の有害業務に従事する労働者に対して実施する「特殊健康診断」があります。ここでは、多くのパートタイマーに受診させなければならない一般健康診断について説明します。

おもな一般健康診断には、雇入れ時の健康診断、定期健康診断、特定業務従事者の健康診断があります。これらの健康診断は「常時使用する労働者」（常用雇用者）だけが対象です。常用雇用者に該当するのは、以下の①から③のいずれかに該当し、かつ、1週間の所定労働時間が同種の業務に従事する通常の労働者（正社員）の4分の3以上である場合です。

① 契約期間（雇用期間）の定めのないこと
② 契約期間の定めはあるが、契約の更新により1年以上（特定業務従事者の場合は6か月以上）使用される予定があること
③ 契約期間の定めはあるが、契約の更新により1年以上（特定業務従事者の場合は6か月以上）引き続き使用されていること

したがって、パートタイマーなどが常用雇用者に該当する場合には、事業者が健康診断を実施する義務が生じます。なお、①から③のいずれかに該当し、1週間の所定労働時間が通常の労働者の概ね2分の1

以上である労働者に対しては、健康診断を実施することが望ましいとしています。

そして、健康診断実施義務があるパートタイマーなどに対する健康診断については、原則として、会社側が費用を負担しなければなりません。もし事業者が健康診断実施義務に違反した場合、50万円以下の罰金に処せられます。会社側としては、健康診断実施義務がある労働者を的確に把握しておくことが必要です。

● 一般健康診断の種類

雇入れ時の健康診断は、常用雇用者を雇い入れるときに行う健康診断です。健康診断項目の省略はできませんが、労働者が3か月以内に医師による診断を受けており、その結果を証明する書面を提出すれば、その項目の健康診断を省略することができます。

定期健康診断とは、常用雇用者（特定業務従事者を除く）に対して、1年以内ごとに1回、定期的に行う健康診断です。定期健康診断については、医師が不要と認めれば、検査を省略することができる項目があります。

特定業務従事者の健康診断とは、深夜業などの特定業務に常時従事する労働者（特定業務従事者）に対して、その業務への配置替えの際と6か月以内ごとに1回、定期的に行う健康診断です。

■ パートタイマーの健康診断

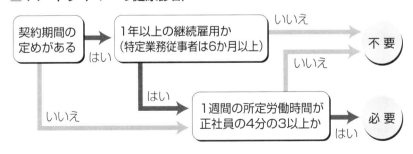

相談 パートタイマーの休職

Case パートタイマーが職場の業務や人間関係の悩みから自律神経失調症と診断され、欠勤しています。当社には休職規程がないのですが、どうしたらよいでしょうか。

回答 パートタイマーの疾患の原因が、業務上の原因によるのか、業務との関連が薄い私傷病によるものであるかにより異なります。

まず、業務上の原因によるものと考えられる場合には、会社は当該社員の休職を認めなければなりません。業務上の負傷・疾病による休業期間およびその後30日間は解雇することができない（労働基準法19条1項）という解雇制限がある以上、たとえ休職規程を定めていなくても、雇用関係を維持しなければならないからです。

次に、私傷病によるものと考えられる場合には、就業規則などに休職規程が定められているかどうかがポイントになります。パートタイマーは、正社員に比べると短期間の雇用を想定されていることが多いため、長期間の雇用を前提とした休職規程が定められていないことが少なくありません。休職規程が定められていない場合には、休職を認めることができませんので、希望に応じて年次有給休暇を消化して対応することが考えられます。そして、年次有給休暇を取得しない場合は、欠勤として扱うことになります。

そして、欠勤が長期間にわたって続き、当面の体調回復が見込めない場合には、退職勧奨を行い、場合によっては解雇するという選択肢もあるでしょう。契約期間の満了を待ち、満了した時点で雇止めをする（契約の更新を拒絶する）という方法も考えられます。雇止めをすることは「解雇」にあたりませんので、上記労働基準法の解雇制限の規定は適用されず、業務上の原因による休職中であっても、契約期間満了をもって雇止めをすることが可能です。

6 休暇について知っておこう

有給休暇、産前産後休業、育児・介護休業などがある

■ パートタイマーも有給休暇を取得できる

　年次有給休暇は、労働者が取得できる休暇のうち、賃金が支払われる休暇をいいます。年次有給休暇については労働基準法39条に定められていますが、おもな内容は以下のようになっています。

① 使用者は、雇入れの日から起算して6か月間継続して勤務し、全労働日の8割以上出勤した労働者に対し、10労働日の有給休暇を与えなければならない

② 使用者は、1年6か月以上継続勤務した労働者に対しては、雇入れの日から起算して6か月を超えて継続勤務する日から起算した継続勤務年数1年ごとに、①の日数（10労働日）に所定の労働日を加算した有給休暇を与えなければならない

③ 使用者は、有給休暇を労働者の請求する時季に与えなければならない。ただし、請求された時季に有給休暇を与えることが事業の正常な運営を妨げる場合には、他の時季に与えることができる

④ 使用者は有給休暇の期間については、就業規則などで定めるところにより、平均賃金または所定労働時間分労働をした場合に支払われる通常の賃金を支払わなければならない

　年次有給休暇は、使用者がこれを与えるかどうかを決めるものではなく、上記の①②の要件を満たしていれば、労働者が当然に取得することができる権利です。パートタイマーなどの非正規社員についても、要件を満たせば年次有給休暇を取得できるのです。

　ただし、パートタイマーのように、所定労働時間・日数が通常の労働者（正社員）に比べて短い労働者の場合は、「1週間の所定労働日

数が通常の労働者の週所定労働日数に比し相当程度少ない…労働者の有給休暇については、労働日数等との比率を考慮して厚生労働省令で定める日数とする」（労働基準法39条3項）ことになっています。これを有給休暇の比例付与といいます（下図）。

　たとえば、1週の所定労働時間が30時間未満の労働者のうち、1週の所定労働日数が4日以下または年間の所定労働日数が216日以下のものは、出勤率8割かつ6か月以上の継続勤務があれば、7日分の有給休暇の権利を取得します。これに対し、フルタイム（1週の所定労働時間が30時間を超える場合）のパートタイマーは、出勤率8割かつ6か月以上の継続勤務があれば、正社員と同じく10日分の有給休暇の権利を取得します。なお、就業規則などで労働基準法以上の有給休暇

■ **有給休暇取得日数**

労働日数 \ 継続勤続年数	0.5	1.5	2.5	3.5	4.5	5.5	6.5
①一般の労働者	10	11	12	14	16	18	20
②週の所定労働時間が30時間未満の労働者							
週の所定労働日数が4日または1年の所定労働日数が169日～216日までの者	7	8	9	10	12	13	15
週の所定労働日数が3日または1年の所定労働日数が121日～168日までの者	5	6	6	8	9	10	11
週の所定労働日数が2日または1年の所定労働日数が73日～120日までの者	3	4	4	5	6	6	7
週の所定労働日数が1日または1年の所定労働日数が48日～72日までの者	1	2	2	2	3	3	3
③第72条の特例の適用を受ける未成年者（②に該当する者を除く）	12	13	14	16	18	5.5以上 20	

を付与すると定めることは問題ありません。

■■ 産前産後休業も取得できる

　産前産後休業は、女性の労働者に対し与えられる出産前後の休業期間をいいます。産前産後休業は労働者に与えられる当然の権利として労働基準法に定められており、有給休暇と同様に、パートタイマーなどの非正規社員にも適用されます。

　まず、産前休業については、「使用者は、6週間（多胎妊娠の場合は14週間）以内に出産する予定の女性が休業を請求した場合においては、その者を就業させてはならない」と規定されています（労働基準法65条1項）。産前休業は当該労働者からの請求が前提です。請求がない場合は、休業期間内も（極端な話では、出産ギリギリまで）就業させることができます。

　産後休業については、「使用者は、産後8週間を経過しない女性を就業させてはならない。ただし、産後6週間を経過した女性が請求した場合において、その者について医師が支障ないと認めた業務に就かせることは、差し支えない」と規定されています（労働基準法65条2項）。産前休業と異なり、産後休業の取得は強制で、産後6週間までの労働者を働かせることはできません。ただし、6週間経過後の就労は、当該労働者の意思と担当医師の許可があれば可能です。

　また、労働基準法では産前産後休業の他にも、妊産婦を保護する規定を設けています。たとえば、危険有害業務の就業制限（64条の3）、軽易な業務への転換（65条3項）、時間外労働や休日労働、深夜業の制限（66条）などです。これらの規定はすべてパートタイマーにも適用されるため、会社側は注意が必要です。

　産前産後休業の取得には、有給休暇のように出勤率や継続勤務期間などの要件がなく、すべての女性労働者が対象です。ただし、休暇中の賃金に関する法的な定めは設けられていません。労使協定、就業規

則、労働契約などに基づき、使用者と労働者が話し合って決めることになりますが、一般的には、賃金は支払われないことが多いようです。

なお、健康保険に加入している場合は、所定の要件の下で出産育児一時金・出産手当金の支給を受けることができます。

■■ 育児休業・介護休業をパートタイマーが取得できる場合

労働者は、「育児休業、介護休業等育児又は家族介護を行う労働者の福祉に関する法律」（育児・介護休業法）の定めに従い、育児や介護のための休業をすることができます。

まず、1歳に満たない子を養育する労働者は、事業主（会社など）に申し出ることによって「育児休業」を取得することができます。育児休業の期間は子が1歳に到達する日までが原則ですが、希望していた保育所に入所できないなど、やむを得ない事情がある場合は、最大で子が2歳になるまで育児休業を延長することができます。

その他、1歳到達前の子の両親がともに育児休業を取得する場合は「パパ・ママ育休プラス」という制度が適用され、子が1歳2か月に

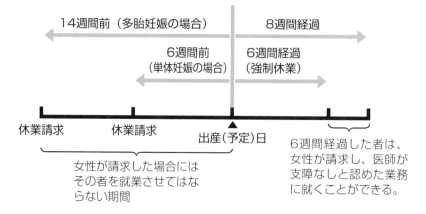

■ 産前産後休業のしくみ

なるまで育児休業を延長することができます（両親がそれぞれ取得できる育児休業期間の上限は原則１年間です）。

一方、要介護状態の家族がいる場合に、事業主に申し出ることによって取得できるのが介護休業です。介護休業については、対象家族１人につき、要介護状態に至るごとに通算93日まで、最大３回に分けて取得することができます。

■ パートタイマーが育児休業や介護休業を取得できる場合

育児休業や介護休業について労働者（日雇い労働者を除く）から申出があった場合、事業主は、その申出を拒否できません。ただし、パートタイマーなどの期間雇用者（期間を定めて雇用される労働者）については、育児休業や介護休業の対象になる者、つまり育児休業や介護休業を取得できる者が限定されています。

まず、育児休業を取得することができる期間雇用者は、子が１歳６か月（２歳までの休業の場合は２歳）を経過する日までに労働契約（更新される場合には、更新後の契約）の期間が満了することが明らかでない労働者です。

これに対し、介護休業を取得することができる期間雇用者は、介護休業開始予定日から93日を経過する日から６か月を経過する日までに労働契約（更新される場合には、更新後の契約）の期間が満了することが明らかでない労働者です。

ただし、事業所（事業場）の労使協定により、入社１年未満の労働者や週の所定労働日数が２日以下の労働者などを、育児休業や介護休業の対象外とすることができますので、この労使協定が適用され、育児休業や介護休業の対象外となるパートタイマーなども存在します。

相談 育児と労働時間

Case パートで働きながら2歳の子どもを育てています。保育園の送り迎えのために労働時間を調整してもらいたいのですが、可能でしょうか。

回答 基本的な生活習慣が身につく3歳頃までは、子どもの養育にはある程度の手がかかるものです。そのため、育児・介護休業法では企業に対し、3歳未満の子どもを養育するすべての労働者に配慮するための措置を取ることが義務付けられています。これは、パート・アルバイトなどの非正規労働者に対しても該当します。

具体的な措置は、次の内容となっています。
① 所定労働時間の短縮（短時間勤務制度）
② 所定外労働の制限（残業免除）
③ フレックスタイム制
④ 始業・終業時刻の繰上げ・繰下げ
⑤ 保育施設の設置運営
⑥ ⑤に準ずる便宜の供与
⑦ 育児休業制度に準ずる措置（子どもが1歳～3歳未満の場合）
⑧ 在宅勤務（テレワーク）等の措置

令和7年4月からは、⑧のテレワーク等の措置が追加され、3歳未満の子どもの育児のためのテレワーク導入を、事業主の努力義務とすることも追加されました。なお、①の措置とは、労働者の1日の所定労働時間を原則6時間とするものです。そのため、所定労働時間が6時間以下のパート・アルバイトは、この措置の対象外です。

また、①と②の措置については、継続雇用1年未満の者や1週間の所定労働日数が2日以下の者、業務の性質、業務の実施体制に照らして短時間勤務の措置が難しい者については、短時間勤務制度または所

定外労働の制限制度が認められない労働者について定める労使協定を結ぶことで、対象外とすることができます。日雇労働者についても、その性質上、①と②の措置の対象外とされています。

なお、この所定外労働の制限の請求について、事業主は「事業の正常な運営を妨げる場合」には、これを拒むことができます。正常な運営を妨げる場合に該当するかは、労働者の担当する業務の内容、代替要員の配置の難しさなどを考慮して客観的に判断しなければなりません。

今回のケースの場合、子どもが2歳とのことで、前述の措置の対象内となります。ただし、1日の労働時間が6時間以下の場合や週の労働日数が2日以下の場合、業務内容によっては対象外になる場合があるため、それらを対象外とする旨の労使協定が存在するかを会社に確認する必要があります。その上で、保育園への送り迎えのために調整が必要となる時間を割り出し、適切な措置を取るよう会社に対して申し出るようにしましょう。

■ 子育てをする労働者に対する事業主（会社）の対応

	内容・事業主の対応
育児休業制度	原則として子が1歳になるまで。 子の小学校就学まで育児休業に関する措置についての努力義務
所定労働時間の短縮	子が3歳までは義務、 子の小学校就学まで努力義務
所定外労働（残業）の制限	子の小学校就学まで義務 （令和7年4月から）
子の看護等休暇 ※令和7年4月より名称変更	子の小学校3年生修了まで義務 （令和7年4月から）
時間外労働の制限	子の小学校就学まで義務
深夜業の制限	子の小学校就学まで義務
始業時刻変更等の措置	子が3歳までは義務、 子の小学校就学まで努力義務

相談 子の看護等休暇

Case 非正規社員であっても、子どものケガや病気を理由に休暇を取得することは可能でしょうか。

回答 育児・介護休業法では、小学校3年生修了前の子を養育する、非正規社員を含む労働者に対し、子の突然のケガや病気、または予防接種などのために費やす看護等休暇を取得することを認めています（16条の2）。上限は、子が1人の場合は1年に5労働日、2人以上の場合は10労働日とされています。事業主は原則として、看護等休暇取得の申出を拒めませんが、労使協定により、勤続6か月未満の労働者および週の所定労働日数が2日以下の労働者を対象外とすることができます。

■ 子の看護等休暇（令和7年4月改正）

概　　要	小学校3年生修了までの子を養育する労働者が、その子の看護のため勤務しないことが相当であると認められる場合、1年度においてその子が1人の場合は5日、2人以上の場合は10日を限度として、子の看護等休暇を取得できる
小学校3年生修了までの子	その子が9歳に達する日（誕生日の前日）の属する年度の3月31日までをいう。
看　　護	①病気・ケガ　②予防接種・健康診断　③感染症に伴う学級閉鎖等　④入園（入学）式、卒園式 ※③と④は令和7年4月より追加
病気・ケガ	病気・ケガの種類や程度に特段の制限はないので、風邪、発熱等を含めてあらゆる病気やケガが含まれる。
病気・ケガの確認	子の病気・ケガの確認については、特段、医師の診断書等の提出を義務づけることはせず、基本的には使用者が個別に判断する。必要に応じて医師の診断書等の提出を求めることもできる

相談　シフト制における有給休暇の取得

Case　シフト制をとっているのに労働日に有給休暇を取得したいと言い出して困っています。会社としてどのように対応すべきでしょうか。

回答　有給休暇の取得は、パートタイマーなどの非正規社員にも認められます（99、100ページ）。有給休暇とは、労働する義務のある日の労働を免除し、なおかつ賃金の保障をする制度です。有給休暇の取得がとくに問題となるのは、シフト勤務制によって労働者の勤務管理を行っている場合です。シフト勤務制では、シフトが編成された後に個々の労働者の労働日が決定するため、シフト編成後に労働者から有給休暇の取得申請を受けることがあるためです。

　有給休暇は、労働者が特定の日（時季）を指定することで、当然にその日の労働が免除されます。したがって、会社側が有給休暇の取得を拒否することや、有給休暇の取得を理由に労働者を不利益に取り扱うこと（懲戒処分、解雇などをすること）はできません。

　ただし、有給休暇の取得が事業の正常な運営を妨げる場合は、会社側が取得時季を他の時季に変更させることができます。これを時季変更権といいます。会社側は、繁忙期や代替要員の確保が難しいときは、取得時季を変更してもらう場合があることを労働者に周知しておくとよいでしょう。そして、会社側が行えるのは取得時季の変更であって、時期変更権の行使によって有給休暇の取得を拒否してはならないことに注意を要します。

　また、シフト作成後に有給休暇取得申請があると、再度シフトを組み直さなければなりません。有給休暇を取得する際には、なるべく早めに申請するよう、労働者に協力を求めることも重要です。

相談 時間単位年休制度

Case 時間単位年休制度を導入しようと考えているのですが、パートも対象者としないといけないのでしょうか。

回答 時間単位の年次有給休暇とは、労働者が時間単位で有給休暇（年休）を取得する制度のことです。有給休暇を時間単位で取得できるようにする条件として、①事業所において労使協定を締結し、就業規則に記載すること、②日数は年に5日以内とすること、③時間単位での取得を労働者が希望していること、の3つが必要です。

具体的に支払われる金額は、「平均賃金」「所定労働時間労働した場合に支払われる通常の賃金」「健康保険法の標準報酬日額に相当する金額（労使協定で定めた場合に限る）」のいずれかを、所定労働時間数で割って決定されます（労働基準法39条9項）。時間単位の設定については、労使協定で定めておく必要があります。ただし、1.5時間といった1時間に満たない端数が生じる単位（分単位など）で取得することはできません。

時間単位の年次有給制度の導入するかどうかは、会社側が決定できます。対象となる従業員についても、労使協定の定めに委ねられていますので、パートタイマーやアルバイトなどを、時間単位年休制度の対象から除外することも可能です。ただし、パートタイム・有期雇用労働法9条に規定する「通常の労働者と同視すべき短時間・有期雇用労働者」については、差別的取扱いが禁止されているので（均等待遇規定）、正社員に時間単位年休を付与している場合に、これにあてはまるパートタイマーを対象外にすることは、不当な差別として許されません。

7 賃金について知っておこう

法律や政令で決められた基準をおさえておく必要がある

■ 最低賃金とはどのようなものか

　景気の低迷や会社の経営状況の悪化などの事情で、一般的な賃金よりも低い金額を提示する使用者がいないとも限りません。そういった場合、賃金をもらって生活をしている労働者の立場では、受け入れざるを得ないという状況になり、苦しい生活環境を強いられるということも考えられます。そこで、国は最低賃金法を制定し、事業または職業の種類、地域に応じた賃金の最低額を保障することによって労働者の生活の安定等を図っています。

　最低賃金法の対象になるのは労働基準法に定められた労働者であり、パートタイマーやアルバイトなどの非正規社員も当然に含まれます。たとえば、個別の労働契約で、最低賃金法を下回る賃金を設定していたとしても、その部分は無効であり、最低賃金法の賃金額で契約したものとみなされます。最低賃金法の賃金額未満の賃金しか支払っていない期間があるような場合には、事業者はさかのぼってその差額を労働者に支払わなければならなくなります。

　最低賃金には、①地域別最低賃金、②特定（産業別）最低賃金の基準があり、時間額（時間給）という形で設定されています。都道府県ごとに設定されており、毎年10月頃に改定されていますので、厚生労働省のホームページ（http://www.mhlw.go.jp/）などで確認してみてください。どの最低賃金を適用するかについては、通常は産業別最低賃金が適用される業種の事業所であれば産業別最低賃金、産業別最低賃金が適用されない場合は地域別最低賃金を適用します。

　なお、試用期間中の者、軽易な業務に従事する者、精神・身体の障

害により著しく労働能力の低い者など、一般の労働者と比べて著しく労働能力などが異なる労働者については、事業所の所在地を管轄する労働基準監督署長を経由して都道府県労働局長の許可を得ることで、最低賃金を下回る賃金を設定することができます（最低賃金法7条）。

■■ 時間外労働と休日労働の給与計算には注意が必要である

労働基準法では、労働時間の上限は、1週40時間（常時10人未満の労働者を使用する商業などの特例措置対象事業場では1週44時間）、1日8時間（休憩時間を除く）と規定しています（法定労働時間）。休日については、毎週1日以上または4週間で4日以上与えなければならないと規定しています（法定休日）。

そして、法定労働時間を超える労働（時間外労働）または法定休日の労働（休日労働）について、使用者は、通常の賃金に加え、所定の割増率による割増賃金を支払わなければなりません（労働基準法37

■ 最低賃金法の適用が除外される場合

最低賃金に算入されないもの	最低賃金の減額の特例許可
最低賃金の対象となる賃金は毎月支払われる具体的な賃金に限られるため、以下のものは不算入	使用者は、雇用する労働者が次のいずれかに該当するときは、都道府県労働局長に申請して許可を受けた場合に、最低賃金を減額することが可能
・臨時に支払われる賃金・手当（結婚手当など） ・1か月を超える期間ごとに支払われる賃金（一時金など） ・時間外労働・休日労働に対して支払われる賃金 ・午後10時〜午前5時までの労働に対して支払われる深夜割増賃金 ・精皆勤手当・通勤手当・家族手当	・精神・身体の障害により著しく労働能力の低い者 ・試用期間中の者 ・基礎的な職業訓練を受講中の者 ・軽易な業務に従事する者 ・断続的労働に従事する者

条)。割増率は、時間外労働の場合は2割5分（午後10時から午前5時の深夜労働については5割、1か月60時間を超えて時間外労働した場合の60時間を超える分は5割）、休日労働の場合は3割5分（深夜労働については6割）となっています。

　上記は労働基準法の規定ですから、パートタイマーなどの非正規社員に対しても、正社員と同様に適用されます。たとえば、勤務時間は9時～14時（休憩なし）、出社は週5日、という所定労働時間を定めたパートタイマーが、繁忙期の週に5日間、1日2時間ずつ延長して労働しても、法定労働時間を超えていないので、通常の時間給を支払えばよく、割増賃金を支払う必要はありません。このようになるため、所定労働時間が一般の労働者よりも短いパートタイマーに対し、割増賃金を支払うケースは少ないようです。

　休日労働についても同様です。たとえば、週3日しか働いていないパートタイマーが、本来は休日であるはずの日に出勤しても、毎週1日以上または4週間で4日以上の法定休日が確保されていれば、割増賃金を支払う必要はありません。

　ただ、これらの規定は最低基準ですから、労使協定、就業規則、労働契約などで「所定労働時間外、所定休日外に労働した場合は、割増賃金を加算して賃金を支給する」と規定している場合は、これに従って支払う必要があることに注意が必要です。

■ 臨時休業した場合の休業手当はどうするのか

　何らかの事情で事業所が臨時休業をすることがあります。このような場合、労働者は仕事を休まざるを得なくなります。本来、賃金は労働の対価として支払われるものですから、休業中の賃金は支払う必要がないと考える使用者（会社など）もいます。しかし、労働基準法26条は「使用者の責に帰すべき事由による休業の場合においては、使用者は休業期間中当該労働者に、その平均賃金の100分の60以上の手当

を支払わなければならない」と規定していますので、使用者は、当該事業所に勤務する労働者（正社員・非正規社員を問いません）に対し、この規定以上の賃金を保障する必要があります。

　このとき問題になるのは、「使用者の責に帰すべき事由」が具体的にどのようなものであるかということです。たとえば、工場機械の入れ替え作業や経営上の事情などにより労働者を休ませる場合、これらは使用者に起因するもので、労働者には働く意思と環境があるわけですから、労働者は休業手当を請求することができます。一方、ストライキで結果的に事業所が休業となった場合に、ストライキに参加しなかった労働者が休業手当を支払うよう請求したケースでは、ストライキが労働者の所属する労働組合の意思に基づいて行われたものであって、休業は使用者に起因しないという理由から、休業手当の請求を認めないと判断した裁判例があります。

　パートタイマーの場合、労働組合に参加していないことも多いので、正社員の労働組合によるストライキの影響で働くことができなかったとしても、自分は労働組合に加入していないにもかかわらず、休業手当を支払ってもらえないといった事態が生じる可能性があります。

　なお、平均賃金については、労働基準法12条に「平均賃金を算定すべき事由の発生した日以前3か月間にその労働者に対し支払われた賃金の総額を、その期間の総日数で除した金額」と規定されています。ただ、時間給で雇用されていて、所定労働日数も正社員より少ないパートタイマーの場合、この計算方法では平均賃金が相当少なくなることもあります。

　そこで、労働基準法12条1項1号では「賃金が労働した日あるいは時間によって算定され、または出来高払制その他の請負制によって定められた場合においては、賃金の総額をその期間中に労働した日数で除した金額の100分の60を下回らない」と規定することで、平均賃金の下限を設けています（最低保障額）。

相談 賃金の出来高払い

Case 賃金を出来高払いによって支給することは認められますか。出来高払いについて、何らかの法律上の規制はないのでしょうか。

回答 賃金については、最低賃金法に従う限り、パートタイマーの賃金を「商品を1個販売すると○円」「1契約成立で○円」などのように出来高制とすることは可能です。

出来高制を採用した場合、仕事量の変動によって賃金額が大きく変動するため、労働者の最低限の生活ラインを維持することが求められます。そこで、労働基準法27条では「出来高払制その他の請負制で使用する労働者については、使用者は、労働時間に応じ一定の賃金の保障をしなければならない」と規定しています。

保障額（保障される一定の賃金）については、使用者（会社など）の裁量に委ねられていますが、「通常の実収賃金とあまり隔たらない程度の収入を保障するようその額を定めるべきである」という通達が出ています。したがって、休業手当の額（平均賃金の100分の60以上）などを参考に、最低賃金法の規定に違反しない形で保障額を設定して、就業規則などに記載しておくことが必要です。

■ 出来高払いの注意点

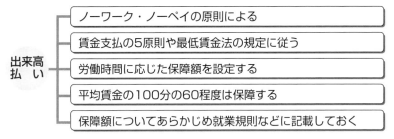

第2章 ◆ パートタイマーの法律と実務ポイント　113

相談 給料の決め方

Case パートタイマーにも昇給と賞与は必要でしょうか。賃金の支払日が正社員とパートタイマーで違っても、問題はないのでしょうか。

回答 パートタイマーの賃金を決める際、使用者側の視点では、できるだけ安い賃金で労働力が確保できる方がよいのですが、労働者は自分の労働力をできるだけ高く評価してもらえる職場を探すことになります。あまりにも低い賃金を設定していると、人材が一向に集まりませんので、近隣で同様の職種の求人をしている会社の賃金を参考に設定するという方法などが考えられます。

また、労働者の確保が難しい時期に優秀な人材を集めるには、他社よりもよい条件が必要です。逆に、人材が余っているときは、低めの賃金でも応募者が殺到することもあります。賃金の決定には、「近隣の相場」と「労働力市場の状況」が重要だといえるでしょう。

では、パートタイマーの賃金を昇給させることや、正社員と同様に賞与を支給することは必要でしょうか。短期間契約のパートタイマーであれば必要ないかもしれませんが、長期にわたって雇用し、会社の重要な戦力として位置づけているのであれば、パートタイマーの士気向上のためにも昇給や賞与の支給について検討するべきでしょう。

昇給については、勤続年数や経験・技術の向上をなど考慮して行います。昇給幅は各会社の事情によって決定すればよいでしょう。

一方、賞与については、雇用契約書や就業規則などに支給要件を定めている場合は、賃金の一種として扱われるものですから、パートタイマーであっても支給要件を満たすときは、賞与を支払わなければなりません。パートタイマーと正社員で賞与の支給要件を異なるものにしたい場合、あるいはパートタイマーに対して賞与を支給しないものとしたい場合は、パート用就業規則の整備が必要です。

なお、パートタイム・有期雇用労働法では、採用時に書面で明示しなければならない労働条件として、賞与の有無、昇給の有無、退職金の有無、相談窓口が含まれています。

●**支払日が正社員と違ってもよいのか**

賃金の支払日が正社員とパートタイマーで違うとしても、法的な問題はありません。ただし、賃金の支給については、労働基準法24条2項に「賃金は、毎月1回以上、一定の期日を定めて支払わなければならない」という規定がありますので、この要件を満たすように支払日を設定しましょう。

賃金の計算方法、支払方法、支払時期などは、就業規則に必ず記載することが義務づけられています（労働基準法89条）。正社員とパートタイマーが同じ就業規則を使用している場合に、賃金の支払日を正社員とパートタイマーで異なる日にしたいときは、就業規則の改定などが必要になります。

■ パートタイマーの賃金と昇給

賃金の決定	昇給・賞与
◆パートタイマーの経験・資格等 ◆会社の実績 ◆パートタイマーが従事する仕事の内容 ◆近隣同業他社の相場 ◆労働力市場の状況　など ↓ 以上の事情などを考慮し、最低賃金を下回らない額とする	◆パートタイマー勤続年数 ◆会社の実績 ◆パートタイマーの会社への貢献度 ◆知識、経験、技術の向上度合い ◆就業規則などによる取り決め　など ↓ 以上の事情などを考慮し、昇給・賞与の有無などを決定する

相談 ミスの多い従業員への対処

Case あまりにもミスが多く、モチベーションも感じられないパートタイマーがいるのですが、契約期間中に賃金を下げることは認められないのでしょうか。

回答 労働者の勤怠や勤務態度などに問題がある場合、会社側が取る手段として「減給」という方法があります。しかし、特定の労働者について減給を行うことは不利益変更にあたるため、会社側が一方的に減給を行うことはできません。原則として、労働者側と会社側（使用者）の双方が合意して初めて、変更（減給）が可能になります。

特定の労働者について減給を行う方法としては、まず労働者の業務遂行のレベルが、賃金の低い他の労働者と同程度であると判断できる場合には、他の労働者と同額の賃金にすることを伝え、本人の同意を得ることが考えられます。この場合の減給を認めてもらうためには、あらかじめ就業規則に減給を求める場合などを明示した上で、遅刻などによる業務への影響や、他の労働者の業務遂行のレベルもあわせて数値化して示すなどして、減給について合理的な理由があることを理解してもらうのが必要です。

また、懲戒処分として減給を行う方法も考えられます。この方法をとる場合は、軽い懲戒処分から徐々に重い懲戒処分へと進めることが求められます。減給に至るまでの懲戒処分には、戒告、けん責（譴責）があります。まずは「戒告」として口頭または文書により厳重注意を行います。それでも改善が見られない場合は「けん責」として始末書を作成させます。その後もやはり改善されない場合に初めて「減給」を行います。あくまでも「減給は最終手段」というスタンスをとることが大切です。

懲戒処分として戒告・けん責・減給を行う場合は、懲戒処分の根拠

となる定めを就業規則に設けておくことが必要です。この場合の注意点として、懲戒の段階ごとに対象となる行為を限定しないことが挙げられます。たとえば、「故意または過失により、会社に損害を与えた場合は戒告に処する」というように懲戒処分の種類を限定してしまうと、会社に損害を与え続けた場合でも戒告以上の処分ができなくなるからです。必ず、「戒告・けん責・減給・解雇に処する」というように、可能性のある懲戒処分すべてを網羅する表現にします。その上で「懲戒となる行為を繰り返す場合は、その懲戒を加重する」と加え、最終的には減給（場合によっては解雇）の可能性もあることを示唆します。

実際に行う減給額については、労働基準法91条で「1回の額が平均賃金の1日分の半額を超え、総額が1賃金支払期における賃金の総額の10分の1を超えてはならない」という制限があります。

減給はあくまでも最終手段です。減給対象のパートタイマーの仕事ぶりが改善した場合に賃金を据え置くつもりであれば、まず本人に注意・改善指導を行い、様子を見る配慮も必要です。また、生じるミスがその部署ゆえのものであれば、配置転換によって改善される場合もあります。

■ ミスの多い従業員への対処方法と注意点

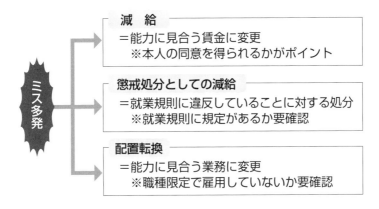

第2章 ◆ パートタイマーの法律と実務ポイント

相談 遅刻による減給

Case 週3日勤務のパートタイマーが1か月に6回遅刻しました。1回の遅刻は平均10分程度でしたが「会社の就業規則で遅刻3回につき給料1日分カットだ」と言われました。厳しすぎるのではないでしょうか。

回答 労働基準法91条は、「就業規則で、労働者に対して減給の制裁を定める場合においては、その減給は1回の額が平均賃金の1日分の半額を超え、総額が一賃金支払期における賃金の総額の10分の1を超えてはならない」と規定しています。

まず、本ケースの「平均10分程度の無断遅刻が1か月で6回」の場合に、1日分の賃金(給与)をカットすることが、労働基準法91条の制限に違反するかどうかを考えてみましょう。

1回平均10分の遅刻だとすると、6回遅刻しても労働時間への影響は1時間です。この場合、会社側が1時間分の賃金をカットすることは問題ありません。これは「ノーワーク・ノーペイの原則」(労働者は使用者に労働力を提供することで、その見返りとして対価を得ることができるという原則のこと)に基づくもので、制裁としての性質はないからです。

しかし、1時間分を超えて賃金をカットするのは減給の制裁(懲戒処分)にあたりますので、あらかじめ就業規則で制裁について定めておくことが必要です。さらに、1回の減給につき1日分の半額以下であり、かつ、1か月間の減給の総額も一賃金支払期における賃金の総額の10分の1以下でなければなりません。

会社側から見れば、「1分の遅刻も1時間の遅刻も時間軽視という点では同じだ」と考えるかもしれません。しかし、実際に遅刻した時間を一切考慮せずに遅刻の回数だけを考慮し、減給の制裁として賃金

をカットすることは労働基準法に違反する場合があります。

本ケースの場合、1か月に11〜12日程度の勤務ですが、就業規則の定めにより2日分の賃金をカットすると（6回遅刻なので）、月給の10分の1を超えて労働基準法91条の制限に違反します。

この場合、賃金をカットされたパートタイマーは、余分にカットされた金額の支払いを請求することができます。

■ 減給制裁の限界

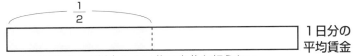

1回の額が平均賃金の1日分の半分を超えない
➡ 1日1万円が平均賃金の場合、減給の上限額は5000円

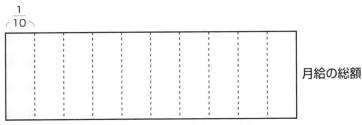

減給の総額が賃金の総額の10分の1を超えない
➡ 月給30万円の場合、複数回の制裁があったとしても、1か月をトータルして減給の上限額は3万円

■ 欠勤・遅刻・早退の扱い

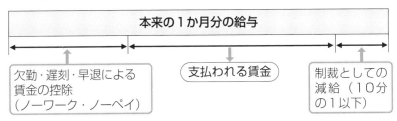

相談 勤務時間中の怠慢行為

Case 仕事中に業務と無関係なメールをすれば処分されるのでしょうか。

回答 社員には、会社の業務を誠実にこなし、会社の指揮監督を受ける義務があります（職務専念義務）。そのため、業務中は、会社から与えられた業務に集中し、業務に関係のないことは慎まなければならず、社員が就業時間に個人的な目的でスマホやタブレット端末を用いて、メールやSNSをしていた場合には、この義務に違反することになります。これが、昼休みにメールをするというような場合であっても、会社の備品であるパソコンを使用するのであれば、パソコンの管理権限は会社にあり、まったく問題がないとはいえません。結局は、会社が社員のパソコン利用についてどのような取り決めをしているのかがポイントになります。

たとえば、就業規則に「パソコンの私的利用をした場合、懲戒処分にする」という規定があれば、この規定に基づき、会社はパソコンの私的利用をした者を懲戒処分にすることができます。

パソコンの利用方法について会社が就業規則などで何も定めていない場合でも、就業規則にある別の規定によって懲戒処分にされる可能性はあります。たとえば、「社員は業務に支障を生じさせるようなことは行ってはならない」という規定がある場合です。ただ、懲戒処分は社員の不利益が大きいため、よほどの違反行為がなければ行使できません。

相談 懲戒規定

Case 懲戒規定はなぜ必要なのでしょうか。パートタイマーの懲戒規定にはどんなものがあるのでしょうか。

回答 社会にはさまざまな人がいます。その人たちがそれぞれに自己主張し、自分の都合で動いていては、社会が成り立ちません。このため、行動の基準となる慣習や法律などがあります。すべての人がこの慣習や法律などを遵守し、社会の安定・維持に協力できるのであればよいのですが、残念ながら過失にせよ、故意にせよ、違反する者が少なくないのが現実です。そこで、少しでも多くの人が慣習や法律などを遵守するように抑止力としての効果を求めて、違反者に制裁を与える（懲戒する）規定を設けるという方法がとられています。

これと同様のことが「小さな社会」ともいえる企業の中でも行われています。企業における「法律」にあたるのは、就業規則、労働協約などです。これらの取り決めの中には、懲戒解雇をはじめとする懲戒規定が盛り込まれています。

雇用形態がパートタイマーであっても、会社の一員として社内の秩序を遵守しなければならず、違反した場合には、懲戒規定に基づいて懲戒処分を受けます。この点、正社員と同じ就業規則を適用するのであれば、懲戒規定も同様に適用されます。しかし、パートタイマーの場合、正社員とは責任や立場が違うのが通常で、懲戒処分の効果も正社員とは異なることがあります。たとえば、3か月契約で雇用しているパートタイマーに1か月の出勤停止処分をすると、雇用目的を果たせなくなります。このため、パートタイマーに対する懲戒規定は、正

■ 懲戒規定の種類

注意 ⇒ 始末書 ⇒ 減給 ⇒ 出勤停止（謹慎処分） ⇒ 懲戒解雇

右に行くほど厳しい処分となる

社員とは別に実効性のあるものにする必要があります。具体的には、次のような規定が考えられます。

① **注意**

口頭や文書などで当事者に注意します。

② **始末書**

注意をした上で、懲戒事由の一部始終や反省を記載した始末書を提出させます。

③ **減給**

期間を区切り、賃金を減らします（労働基準法91条の上限あり）。

④ **出勤停止**

一定期間の勤務を禁止し、その間の給与は支給されません。

⑤ **懲戒解雇**

最も重い処分です。所轄労働基準監督署長による除外認定を受ければ、解雇予告および解雇予告手当の支払いも不要です。

相談 休業手当

Case 業務閑散期に喜ぶと思い10分〜1時間程度早く従業員を帰宅させていたのですが、休業手当を請求されました。そんなつもりではなかったのですが。

回答 労働条件を予定外に変更することは、あまり望ましいことではありません。使用者側としては、早く帰宅させてあげようと、気を利かせたつもりであっても、その行為が従業員側にとってうれしいことであるとは限りません。むしろ、勤務時間が少なくなり、予定よりも受け取る賃金（給料）が減ってしまうため、労働者側に不満が生じてしまうかもしれません。

休業手当は、使用者の責めに帰すべき事由によって休業した場合に、

労働者に平均賃金の100分の60以上の手当を支払い、労働者の生活保障を図る制度です。パートタイマーなどの非正規社員も、休業手当の対象となります。休業手当の対象となる休業は、1日を通して休業した場合に限られません。1日の所定労働時間の一部のみを休業した場合も、現実に就労して支払われた賃金が平均賃金の100分の60に満たなければ、その差額を休業手当として支払う必要があります。

今回のケースでは、10分〜1時間程度早く終業させたとのことですので、平均賃金の100分の60以上の賃金は支払われているものと思われます。したがって、休業手当を支払う義務が生じる可能性は低いでしょう。ただし、減らされた勤務時間に相当する賃金額について、労働者から損害賠償請求される可能性はあります。

相談 パートタイマーに対する割増賃金

Case 急な案件のため、やむを得ず日曜にパートタイマーに出勤してもらい通常賃金を支払ったのですが、休日手当を請求されました。必要でしょうか。

回答 労働者に時間外労働（法定労働時間を超えた労働）をさせた場合や、休日労働（法定休日における労働）をさせた場合、会社は通常の賃金に加えて割増賃金を支払う必要があります（労働基準法37条）。割増賃金の支払義務は、労働者の契約形態にかかわらず適用されるルールです。パートタイマーに時間外労働や休日労働をさせた場合も、会社は割増賃金を支払わなければなりません。

割増賃金の支払義務は、就業規則などで別段の定めがある場合を除いて、1日8時間または1週40時間（法定労働時間）を超える時間外労働をさせたときや、1週1日（または4週4日）の法定休日に勤務させたときに発生します。もっとも、本ケースの日曜の出勤が直ちに

時間外労働や休日労働にあたるとは限りません。日曜の出勤が法定労働時間を超えておらず、1週1日（または4週4日）の休日が確保されていれば、割増賃金を支払う必要はないのです。

　以上から、時間外手当や休日手当を支払うべきか否かは、日曜に出勤するパートタイマーにより異なります。なお、時間外手当の割増率は25％以上（月60時間を超える部分は50％以上）、休日手当の割増率は35％以上です。

相談　パートタイマーに対する残業の強制

Case　「原則残業なし」の条件で雇用したパートタイマーが残業を拒否しています。例外的に残業があるのは承知していたはずですが。

回答　労働基準法32条は、使用者（会社など）は、休憩時間を除いて、1日8時間および1週40時間（法定労働時間）を超えて労働者に労働させてはならないと規定しています。これに違反しない形で、雇用契約書や就業規則などにより各労働者の労働時間（所定労働時間）が決定されていますが、法定労働時間内であっても、所定労働時間を超える労働（残業）を、会社の都合で労働者に強制することはできません。労働者に残業を行わせたい場合は、雇用契約書や就業規則の中で、あらかじめ残業について取り決めておかなければなりません。「残業なし」という条件で雇用されている労働者に対して残業を行わせようとする場合は、労働者と話し合った上で、雇用契約書や就業規則の変更が必要です。さらに、法定労働時間を超える残業を命じる場合は、労使協定（三六協定）を締結し、所轄労働基準監督署長に届け出ておくこともあわせて必要です。

　パートタイマーの残業についても同様に考えます。「原則残業なし」の条件で雇用したとしても、例外的に残業を命じる場合もあり得ます。

会社側は「原則残業なし」という抽象的な内容ではなく、どのような事情があるときに残業を命じるのかなど、残業に関する詳細な取り決めをしておく必要があります。

相談　深夜割増

Case 私は所定勤務が午後10時～翌日午前3時（休憩なし）ですが、この場合も割増手当は支給されるのでしょうか。

回答 深夜割増とは、午後10時～翌朝5時の深夜労働に対して、25％以上の割増率による割増賃金を支払わなければならないとするものです。たとえば、所定労働時間が午前11時～午後8時（休憩1時間）の労働者が午後11時まで勤務した場合、午後8時～10時は時間外労働の割増賃金、午後10時～11時は時間外労働に加えて深夜労働の割増賃金も支給されます（割増率は、時間外25％以上＋深夜25％以上で原則50％以上です）。

そして、深夜割増は、本ケースのように所定勤務の場合にも支給されます。具体的には、午後10時から翌日午前3時までの労働について、使用者（会社など）は、深夜割増（25％以上）をして賃金を支払わなければなりません。深夜3時以降の残業をさせた場合も、午前5時までは深夜割増が必要です。

したがって、支給される賃金（給与）に深夜割増がされていなければ、使用者に対して深夜割増分の請求が認められます。なお、異動により深夜勤務になる場合、従来の賃金と金額が変わらないにもかかわらず、辞令などで「深夜割増を含む」としても、労働者の同意がない一方的な減給となるため認められません（116ページ）。

8 所得調整・年末調整について知っておこう

被扶養者としての権利を活かす

■ 130万円と160万円の壁は厚い

　パートタイマーの賃金は、ほとんどの場合が時給制です。そのため、多く働けばその分収入も増えるわけですが、実際には働ける環境があるのに、勤務時間を制限している人がいます。これは、主婦（または主夫）が「家計の足しに」とパートタイマーとして就業しており、「子どもが帰宅するまでの間のみ働きたい」と自ら勤務時間を制限する場合や、税法上や社会保険上の優遇策を希望するために勤務時間を制限する場合が多いためです。

　このような労働者には、おもに生計を維持している配偶者がいるわけですが、配偶者の被扶養者になると、配偶者が所得税の控除を受ける場合や、労働者自身が国民年金の第3号被保険者になる場合があります。国民年金の第3号被保険者とは、会社員や公務員に扶養されている配偶者のことです。ただ、被扶養者になるためには収入制限があり、収入制限を超えると扶養からはずれる（被扶養者と認定されない）ことになります。この収入制限が、130万円・160万円という「壁」です。130万円は社会保険上（被扶養者認定）の壁、160万円は税法上（配偶者特別控除）の壁となる金額です。

　なお、配偶者特別控除は令和7年分より、年収の上限が150万円から160万円に見直しが行われています。健康保険の場合、厚生労働省の通達が、被扶養者に認定される範囲について、年間収入が130万円未満（60歳以上または障害者の場合は180万円未満）で、被保険者の収入の2分の1未満という基準を示しており、多くの健康保険組合がこの基準に準じて被扶養者の認定をしています。健康保険の被扶養者

となる場合は、国民年金の第3号被保険者となることができ、被扶養者本人が国民年金の保険料を支払う必要がなくなります。

さらに、所得税については、労働者の1年間（1月1日～12月31日）の給与収入（年収）が160万円以下で、配偶者の年収が1,195万円以下（合計所得金額が1,000万円以下）であれば、配偶者側が配偶者控除または配偶者特別控除を満額受けることができます（年収201万円までは、年収により減額された配偶者特別控除を受けられる）。

一方、住民税については、給与所得控除額55万円と非課税限度額45万円という控除を受けますので、労働者の年収が100万円以下であれば住民税が課税されません（令和8年分以後は、給与所得控除額が10万円引き上げられる予定）。なお、年収上限額については、今後修正が行われる場合があります。

この他、収入が増加すると、保育園の保育料や公営住宅の家賃が高くなる（あるいは入居できない）、医療費助成を受けられない、といった負担増が生じる可能性もあります。

企業側が整備すべきこと

以上の事情から、年収130万円・160万円を超えないように収入を調整したいと考えるパートタイマーもいます。

さらに、健康保険の「年収130万円未満」はあくまで目安にとどまり、健康保険組合によっては、月収（130万円÷12＝108,333円未満）も被扶養者の認定基準とするところがあります。この場合、年末に収入調整をしただけでは被扶養者と認定されないこともありますから、週所定労働時間、労働日などを雇用契約書であらかじめ定めることは大変重要です。

なお、年収「130万円の壁」については、年収が130万円以上となっても手取りが減らないように取り組む企業に対して、一人当たり最大75万円の助成金を支給するなどの検討が進められています。

■■ 年末調整でパートタイマーも税金の還付を受けられる

　会社や個人が人を雇って給与を支払う場合は、雇用する労働者の毎月の給与から所得税額を天引きして（源泉徴収）、国に支払う義務があります。ただ、毎月源泉徴収する税額は、その時点の概算です。途中で被扶養者の増減（異動）が生じると、本来納付すべき税額と１年分の源泉徴収税額との間に誤差が生じます。この誤差を正す作業を年末調整といいます。具体的には、労働者から「給与所得者の扶養控除等（異動）申告書」や、生命保険の控除証明書などの提出を受けて、正しい所得税額を算出し、１年間を通じて徴収した源泉所得税額との差額を還付または徴収します。年末調整は通常12月（その年の最後の給与または賞与の支給日）に行います。

　パートタイマーとして働いている人であっても、会社から所得税を源泉徴収されていた場合は、年末調整を行うことによって、源泉徴収税額の還付を受けることができます。なお、その年の途中で退職し、その年のうちに再就職しなかったパートタイマーについては、自分で確定申告をすることによって、源泉徴収税額の還付を受けることになります。

■ 税金や社会保険に関する収入要件

	対　象	制限の内容
100万円を超えると ※	住民税	住民税の課税対象となる
160万円を超えると ★	所得税	配偶者側の所得税の配偶者特別控除が減少する（201万円超でゼロになる）
130万円以上になると	社会保険	健康保険について、夫（妻）の被扶養として認定されない

★年収上限額は今後修正される場合あり
※令和８年分から給与所得控除の引上げが行われる予定

相談 源泉徴収のしくみ

Case パートタイム・有期雇用労働法が定めるパートタイマーやアルバイトなどの短時間労働者については、所得税の源泉徴収はどのように行われるのでしょうか。

回答 パートタイマーやアルバイトは、パートタイム・有期雇用労働法が定める「短時間労働者」にあたるのが原則です。短時間労働者とは、週所定労働時間が通常の労働者（正社員）の週所定労働時間に比べて短い労働者のことです。パートタイマーやアルバイトに関して、所得税の源泉徴収の扱いには注意が必要です。

まず、「パートタイマーやアルバイトは正社員でないから、社会保険に加入しなくても、また、源泉徴収していなくても問題ない」と思っている人も多いようですが、これは間違いです。

パートタイマーやアルバイトには、仕事をした日数や時間数によって給与を支払っているケースが多いですが、月ごとに支払っている場合は、給与所得の源泉徴収税額表（月額表）という税額の算出表を用いて源泉徴収税額を求めます。

■ 税額表の使用区分の確認票

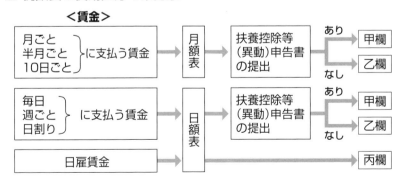

第2章 ◆ パートタイマーの法律と実務ポイント　129

給与所得の源泉徴収税額表には「甲欄」「乙欄」「丙欄（日額表のみ）」という区別が設けられています。日々雇い入れている場合、2か月以内の期間を定めて雇用している場合を除き、正社員と同様に「甲欄」または「乙欄」が適用されます。日雇いの場合や、2か月以内の契約期間（雇用期間）としている場合は日額表の「丙欄」が適用されます。
　なお、月額表・日額表ともに、パートタイマーやアルバイトが「給与所得者の扶養控除等申告書」を提出している場合には「甲欄」を、提出していない場合には「乙欄」を適用します。
　つまり、「扶養控除等申告書」の提出により、源泉徴収の税額表の「甲欄」で税金が計算され、提出がないと「乙欄」で計算されるために源泉徴収税額が違ってくることになります。
　税額表の「乙欄」を適用する労働者は、2か所以上から給料をもらっている人で、確定申告で税金を精算することが前提になっています。そこで、確定申告が必要な労働者からは源泉税（源泉所得税など）を多めに天引きしておいて、確定申告をしなかったとしても税金をとり損なわないようにしているのです。なお、扶養親族がいたり障害を持っている等の事情がなければ「扶養控除等申告書」には短時間労働者本人の住所と名前を書くだけになります。

●**所得税が課税されない年収額**

　126ページで収入制限である「壁」について説明しましたが、令和7年分から、課税最低限（本人の所得税が課税されない年収額の最低ライン）が変更になっています。年収200万以下の場合は基礎控除額に対して上乗せが行われて、恒常的に課税最低限が160万円となる予定です。また、年収が200万円超〜850万円以下の場合は、年収に応じて基礎控除額に対して段階的に上乗せする特例が行われる予定です（令和7年・8年分の時限措置）。なお、「壁」については今後修正が行われる場合があります。

9 有期労働契約の更新にはどんな注意点があるのか

更新を繰り返すことで期間の定めのない契約とみなされることもある

■ 契約の更新についての考え方を契約時に明示する

　パートタイマーとの労働契約は有期労働契約とするのが一般的とされています。有期労働契約は定められた期日に契約が解消されるのを前提とし、期日の経過によって使用者と労働者の関係は終了しますが、必要に応じて契約を更新することもできます。

　このような有期労働契約について、厚生労働省は「有期労働契約の締結、更新および雇止めに関する基準」を策定しています。有期労働契約の労働者には雇止め（次ページ）に対する不安などがあるため、労働環境の改善を目的として策定されたものです。この基準によると、事業主が労働者との間で有期労働契約を結ぶ場合は、契約の更新の有無を明示しなければなりません。具体的には、①自動更新する、②更新する場合があり得る、③契約の更新はしない、などの明示が必要です。

　その上で、①②のように契約の更新（の可能性）があると明示したときは、契約の更新に関する判断基準も明示（契約期間満了時の業務量により判断する等）しなければなりません。また、令和6年4月からは、更新上限の有無、更新回数、通算契約期間の明示が義務となっています。

　その他、契約を1回以上更新し、1年を超えて継続雇用している労働者との契約を更新する場合は、契約の実態や労働者の希望に応じて、契約期間をできる限り長くするよう努めることが必要です。

　さらに、労働契約法19条の適用が認められると、有期労働契約が更新されたとみなされる点にも注意が必要です（雇止め法理）。

■■ 契約を更新しない場合には予告などが求められる

　有期労働契約の更新において生じる可能性が高い問題は、会社側が「契約を更新しない」という決定をしたときで、これを雇止めといいます。雇止めは労働契約の期間満了時に行われるもので、期間途中に行われる解雇には該当しません。しかし、有期労働契約の更新を拒絶することによる紛争が多発しているため、労働契約法19条では、有期労働契約の更新についてのルールが置かれています。

　具体的には、次の①または②のいずれかの事情があると判断されると、合理的理由を欠き、社会一般から見て相当でない雇止めが無効となり、有期労働契約の更新を承諾したとみなされます。これを雇止め法理と呼ぶことがあります。

① 　有期労働契約が継続して更新されており、契約を更新しないことが解雇と同視できる場合
② 　労働者が契約の更新に対して期待をもつことに合理的な理由がある場合

■ 有期雇用契約の雇止め

```
          ┌──────────────────────┐
          │  有期雇用契約の更新拒絶  │
          └──────────┬───────────┘
                     ▼
┌──────────────────────────────────────────┐
│ ・有期雇用契約が継続的に更新されており実質的に期間 │
│   の定めなしと同視できる                      │
│ ・労働者が契約更新に対して期待を抱くことに合理的な │
│   理由がある                                │
└──────────────────────────────────────────┘
      YES ▼                         NO ▼
┌────────────────────┐    ┌────────────────────┐
│ 雇止め法理により契約更新 │    │ 期間満了により契約終了 │
└────────────────────┘    └────────────────────┘
```

さらに、「有期労働契約の締結、更新および雇止めに関する基準」では、事業主（使用者）に対し、契約期間満了によって有期労働契約を終了する（契約を更新せずに雇止めをする）場合に、以下のような手続きをとることを求めています。
・1年を超える契約期間で雇用されている労働者、有期労働契約が3回以上更新されている労働者、有期労働契約の更新により雇用期間が通算1年を超える労働者のいずれかと契約を更新しない場合は、契約期間満了日の30日以上前までに予告すること
・上記の予告（雇止めの予告）をした後に、労働者が契約を更新しない理由についての証明書などを請求したときは、遅滞なく交付すること
・雇止めの後に、労働者がその理由について証明書を請求したときは、遅滞なく交付すること
　これらは、労働者を解雇する際の手続きである、解雇予告（労働基準法20条）、解雇理由などの証明（労働基準法22条）を、雇止めの場合にも要求するものです。

▇▇ 契約当初から更新はしないとすることもある

　契約の更新はしないと最初に契約書に明示した上で、有期労働契約を締結することもあります。
　使用者（会社など）から見れば、契約期間の満了時に、雇止め法理が適用される可能性を少なくして、雇用関係を終了させることができるというメリットがあります。
　反対に、労働者から見れば、あらかじめ会社側に契約を更新する意思がないのを知らされることにより、契約期間中に、次の職場を探す時間的余裕が得られるというメリットがあります。
　当初から契約更新をしないとする契約を締結する場合は、「期間満了後は契約が更新されない」ことを、労働条件通知書などであらかじめ明確に伝えることが非常に重要です。

相談 解雇予告手当

Case 経営が芳しくないため、週3日勤務のパートタイマーを整理解雇する予定です。勤務日数が正社員より少ない場合でも解雇予告手当として30日分の平均賃金の支払いが必要でしょうか。

回答 解雇に関しては、労働者が懲戒事由に該当することを理由に行われる懲戒解雇と、それ以外の事情(労働者の能力不足、会社の経営不振など)を理由に行われる普通解雇があります。

本ケースは、経営が芳しくないことによる整理解雇ですから、普通解雇と扱われます。普通解雇の場合は、労働者が突然会社から追い出されて路頭に迷うことを防ぐため、会社(使用者)は、解雇予定日の30日以上前に、労働者に解雇することを予告しなければならないのが原則です。ただし、30日分以上の平均賃金を解雇予告手当として労働者に支払えば、会社が労働者を即日解雇すること(告知したその日に解雇すること)が認められます。解雇予告手当の支払いは、即日解雇する際に30日分を支払う場合の他、たとえば「業務の引き継ぎのため、15日間は勤務させて、残りの15日分の解雇予告手当を支払う」という形も認められています。

会社は、労働者を解雇する際には、解雇予告または解雇予告手当の支払いを、正社員だけでなく、パートタイマーなどの非正規社員にも行わなければなりません。したがって、本ケースのようにパートタイマーを解雇する場合は、解雇予告または解雇予告手当の支払いが必要です。ここで問題となるのが、週2〜3日といった短時間勤務のパートタイマーなどに対する解雇予告手当の計算方法です。フルタイムで働く正社員に比べ勤務日が短いのであれば、解雇予告手当もその分をカットしてよいかといえば、そうではありません。

解雇予告制度は、労働基準法20条による会社側の義務で、これは

パートタイマーなどにも適用される内容です。そのため、たとえ勤務日が少ない労働者であっても、暦日で30日以上前に解雇予告をしなければならず、解雇予告手当を支払う場合は30日分以上の平均賃金が必要です。とくに平均賃金の計算について最低保障額（労働基準法12条1項1号）が適用される場合（112ページ）には、毎月の賃金より高額な解雇予告手当を支払うケースも考えられます。

ただし、日雇い労働者、2か月以内の期間で雇われる者、季節的な業務に4か月以内の期間で雇われる者、入社後14日以内の試用期間中の者は、解雇予告制度の対象から除外されます。

また、以下のケースにおいて労働者を解雇する場合は、労働基準監督署の認定を受けることで解雇予告や解雇予告手当の支払いが不要とされています。これを解雇予告の除外認定といいます。

① 天災事変その他やむを得ない事由があって事業の継続ができなくなった場合
② 社員に責任があって雇用契約を継続できない場合（懲戒解雇）

本ケースのように労働者側に原因がない解雇を行う場合は、①②のどちらのケースにも該当しませんから、たとえパートタイマーなどの非正規社員であっても、解雇予告または解雇予告手当の支払いを実施しなければなりません。

■ 解雇予告日と解雇予告手当

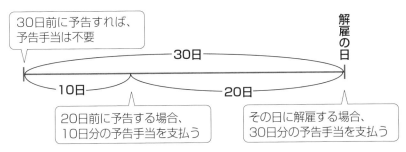

相談 雇止めの理由

Case 新入社員を採用するので雇止めを通知したところ、「自分の方が能力があるのになぜ雇止めをされるのか」と抗議されました。雇止めはどんな場合に認められるのでしょうか。

回答 有期労働契約の更新を拒絶する雇止めについては、契約の更新による雇用継続を期待させる使用者（役員や上司など）の言動があるときや、契約の更新の手続きが形式的に行われていたにすぎないときなどに、労働者に更新期待権が発生すると考えられ、更新拒絶について雇止め法理が適用されることがあります。

具体的には、前述したように（132ページ）、①有期労働契約が継続更新され、更新拒絶が解雇と同視できる場合や、②労働者が契約更新に対して期待することに合理的な理由がある場合、使用者による有期労働契約の不更新（雇止め）が制限されます。

そして、更新拒絶が解雇と同視できるか（①があるか）、労働者が契約更新に合理的期待をもっているか（②があるか）は、契約の更新回数、契約の内容、雇用の継続に対する使用者の言動などから判断します。①②のいずれかがあると判断されると、合理的理由を欠く社会通念上相当でない雇止めとして無効となり、使用者が有期労働契約の更新を承諾したとみなされます（労働契約法19条）。これを雇止め法理といいます。従前より雇止め法理は最高裁判例で採用されていましたが、平成24年（2012年）の労働契約法改正で明文化されました。

本ケースのように、「新入社員を採用すること」を雇止めの理由とするためには、そのことを契約の更新の判断基準として、あらかじめ明示していることが必要です（131ページ）。その上で、実際の雇止めについて、合理的な理由と社会通念上の相当性（社会一般の相当性）があるかどうかを、個々のケースごとに判断することが必要になります。

相談 労働条件の変更

Case もともとは週3日で1日4時間勤務だったパートタイマーの勤務形態を、会社の都合でフルタイムに変更したのですが、次回の更新時から元の勤務形態に戻すことは可能でしょうか。

回答 複数の正社員が同時期に退職したことに伴い、一時的に人員が不足したという状況を想定してみましょう。会社側が業務の運営に支障が出ないように講じる対策として、パートタイマーの勤務時間を増加させる手段があります。

パートタイマーとの間で当初締結した雇用契約が「週3日、1日4時間」であったとしても、その後、使用者・労働者間で合意があれば、その内容を変更することが可能です。そのため、合意に基づいてパートタイマーがフルタイム勤務に変更したこと自体には何ら問題はありません。

しかし、正社員を補充して人員不足が解消され、パートタイマーを元の勤務形態に戻そうとした際、パートタイマーがそれを拒んだ場合は問題が生じます。使用者は、一方的にパートタイマーの勤務形態を元に戻すことはできません。契約更新時に労働条件を変更するためには、使用者・労働者双方の合意が必要です。合意に至らない場合、使用者としては、契約更新時に雇止めをすることも考えられますが、パートタイマーを失って人員不足に陥ることになりかねません。

本ケースの場合に、このようなトラブルを防ぐためには、パートタイマーに「フルタイム勤務が期間限定のものである」ことを書面で説明し、納得してもらった上で、フルタイム勤務に変更する必要があるといえるでしょう。なお、フルタイム勤務に変更させたときは、雇用保険、健康保険、厚生年金保険への加入について注意が必要です（88ページ）。

相談 契約の更新と契約期間

Case 契約更新を続けてきたパートタイマーから長期の契約を求められた場合にはどうしたらよいのでしょうか。

回答 労働契約には、有期労働契約（期間を定めるもの）と無期労働契約（期間を定めないもの）がありますので、次回の更新からは無期労働契約へと転換して雇用するのも一つの方法です。

平成30年（2018年）4月以降、同じ会社（使用者）と締結していた複数回の有期労働契約の契約期間が通算5年を超えれば、無期労働契約へと転換するよう申込みができ、使用者はこの申込みを承諾したとみなされる（申込みを拒否できない）という「無期転換ルール」が導入されています。通算5年超のパートタイマーについては、会社側から積極的に無期労働契約への転換を推奨するとよいでしょう。

一方、有期労働契約のまま雇用するのであれば、契約期間の満了時に更新の有無を検討することになります。なお、契約を更新する場合でも、労働基準法14条により、契約期間の上限は原則3年です。

一方、契約関係を終了させる場合、有期労働契約か無期労働契約かによって、それが「解雇」にあたるかどうかが変わります。

まず、無期労働契約の労働者との契約関係を会社側が一方的に終了させるのは、常に解雇にあたり、解雇予告制度や解雇権濫用法理など、解雇に関する法規制が適用されることに留意が必要です。

しかし、有期労働契約の労働者との契約関係を会社側が一方的に終了させるのは、契約期間中であれば解雇にあたるのに対し、契約期間満了時であれば解雇にあたらず「雇止め」にあたります。

もっとも、雇止めをする際にも「有期労働契約の締結、更新および雇止めに関する基準」により、解雇予告制度に類似した手続きが求められる場合や、雇止め法理が適用される場合があります。

10 契約を途中解除するとどうなるのか

損害賠償をしなければならなくなることもある

■ 有期契約の使用者からの途中解除は解雇である

　有期契約（有期労働契約）は、契約期間中の雇用を保障することを前提とした契約であり、原則として、途中解除をする（契約期間中に契約関係を一方的に終了させる）ことはできません。

　そして、使用者側から有期契約を途中解除するのは「解雇」と判断されます。ただし、民法628条では「当事者が雇用の期間を定めた場合であっても、やむを得ない事由があるときは、各当事者は、直ちに契約の解除をすることができる」と規定し、労働契約法17条でも「使用者は、期間の定めのある労働契約について、やむを得ない事由がある場合でなければ、その契約期間が満了するまでの間において、労働者を解雇することができない」と規定しています。

　したがって、天災事変やそれに準ずる事情により事業を継続できなくなったなどの「やむを得ない事由」があれば、例外的に使用者からの途中解除が認められます。

　もっとも、使用者が有期契約の途中解除を行うに際しては、労働基準法20条により、30日以上前に解雇予告をするか、解雇予告をしない場合は30日分以上の平均賃金（解雇予告手当）を支払うという解雇の手続きが必要になります（解雇予告制度）。解雇予告制度の適用を受けないで済むのは、天災事変その他やむを得ない事由のために事業の継続が不可能となり、所轄労働基準監督署長の認定を受けた場合などに限られます。

　さらに、民法628条には「その事由（やむを得ない事由）が当事者の一方の過失によって生じたものであるときは、相手方に対して損害

賠償の責任を負う」との一文がありますので、解雇をする使用者は、残りの契約期間分の賃金と同程度の損害賠償金を負担しなければならなくなることもある点を知っておく必要があります。

■■ 労働者からの途中解除は比較的自由に行われる

　労働者側の事情で有期契約を途中解除するという状況も考えられます。前述した民法628条によると、使用者だけでなく労働者も有期契約の「当事者」ですから、やむを得ない事由がなければ、中途解除ができないのが原則です。ただし、民法628条にかかわらず、有期契約を締結した労働者は、契約期間の初日から１年を経過した日以降は、いつでも退職することができます（労働基準法137条）。

　現実的には、労働者が出社しなくなった場合に無理に出勤を迫ることもできないことや、過失のある労働者に損害賠償をするだけの資力がないことも多いという事情がある点から、労働者からの有期契約の途中解除は比較的自由に行われる傾向にあるようです。

■ 解雇予告（解雇予告手当の支払い）の要否

	必要でない労働者	必要になる場合
①	日々雇い入れられる者	１か月を超えて引き続き使用されるに至ったとき
②	２か月以内の期間を定めて使用される者	所定の期間を超えて引き続き使用されるに至ったとき
③	季節的事業に４か月以内の期間を定めて使用される者	所定の期間を超えて引き続き使用されるに至ったとき
④	試しの期間中の者	14日を超えて引き続き使用されるに至ったとき
⑤	労働者の責めに帰すべき事由に基づいて解雇するとき	所轄労働基準監督署長による認定が受けられないとき
⑥	天災事変その他やむをえない事由のために事業の継続が不可能となったとき	所轄労働基準監督署長による認定が受けられないとき

相談　パートタイマーに対する退職金

Case　当社にはパートタイマー用の退職金制度はないのですが、勤務時間が4時間と少なく、勤続年数も3年程度のパートタイマーから請求されたら退職金の支払いが必要でしょうか。

回答　法律上は、退職金の支給について具体的な規定がありませんので、退職金の有無、金額の算定方法、支給時期といった事項については、労使間で決定することになります。その際、正社員には退職金を支給するが、パートタイマーには退職金を支給しない、というように、雇用形態によって異なる取り決めをしても問題はありません。

退職金（退職手当）は、就業規則の相対的必要記載事項（必ずしも記載しなければならないわけではないが、そのことについて規定を置く場合には、必ず就業規則に記載しなければならない事項）です（労働基準法89条）。パート用就業規則の内容を確認し、そこに退職金制度についての記載がない場合には、当該会社にはパートタイマー用の退職金制度がないと判断することができます。したがって、このような場合には、原則として会社側がパートタイマーに退職金を支払う必要はないでしょう。

ただし、就業規則に記載がないとしても、会社の「慣行」としてパートタイマーに退職金を支払っている場合には、会社側に支払義務が生じる可能性があります。過去に支給実績があり、支給条件が明確な場合には、勤務時間や勤続年数が短くても退職金を支払わなければならないケースもありますので、注意が必要です。

相談　パートタイマーの整理解雇

Case　取引先の仕事が打ち切りになったこともあり、業績の悪化が

予想されるため、やむを得ず契約期間が途中のパートタイマーを解雇したいのですが、問題が生じるのでしょうか。

回答 有期契約（有期労働契約）の契約期間中に、使用者（会社など）から一方的に契約関係を終了させる（途中解除）ことを解雇といいます。原則として、契約期間中に労働者を解雇することはできません。ただし、前述したように、民法628条・労働契約法17条には、「やむを得ない事由」があれば、契約期間の途中であっても、使用者が有期契約を途中解除することができるという趣旨の規定があります（139ページ）。

ここで「やむを得ない事由」があるかどうかは、個々の事案に応じて具体的に判断されることになります。本ケースでは、パートタイマーを解雇しなければ、会社の経営に重大な支障をきたす可能性が高い、という状況であることが必要です。この点についての立証責任は会社側が負うことになります。

本ケースの場合は、「取引先の仕事が打ち切りになり、業績の悪化が予想される」ということが途中解除の事由ですから、これが「やむを得ない事由」であると認められると、契約期間が途中のパートタイマーを解雇することができます。

パートタイマーの有期契約を契約期間中に終了させることになった場合、この途中解除は「解雇」と判断されます。したがって、使用者が有期契約の途中解除をする際は、労働基準法20条により、少なくとも30日（労働日だけでなく休日も含めた暦日でカウントします）前に解雇予告をするか、解雇予告をしない場合は30日分以上の平均賃金（解雇予告手当）の支払いが必要になります。

●整理解雇の4要件（4要素）を満たすことが必要

本ケースは、企業経営上やむを得ない必要が生じた場合に、人員整理として解雇を行う「整理解雇」にあたることに注意しなければなり

ません。整理解雇を行う場合、以下の①～④に掲げた「整理解雇の4要件（4要素）」を満たすことが必要になるからです。
① 整理解雇の必要性（整理解雇をしなければならない経営上のやむを得ない理由があること）
② 解雇回避努力義務の履行（配置転換、労働時間削減、希望退職者の募集など、労働者の解雇を回避する努力を行ったこと）
③ 被解雇者選定の合理性（解雇対象者を選択する基準に合理性や公平性があること）
④ 解雇手続きの妥当性（解雇対象者や労働組合などとの間で十分に協議を行い、整理解雇への理解を得る努力をしたこと）

解雇対象がパートタイマーであっても、整理解雇の4要件を満たすような措置を講じた上で、解雇予告または解雇予告手当の支払いを行って解雇に臨まなければなりません。

つまり、整理解雇の場合に「やむを得ない事由」があると認められるためには、整理解雇の4要件（4要素）を満たす必要があるということになります。

さらに、「その事由（やむを得ない事由）が当事者の一方の過失によって生じたものであるときは、相手方に対して損害賠償の責任を負う」（民法628条ただし書）との規定がありますので、整理解雇を行う使用者は、残りの契約期間分の賃金と同程度の損害賠償金を負担しなければならない場合もあります。

もっとも、パートタイマーが有期契約の労働者で、今すぐにでも整理解雇をしなければならない事情がなければ、パートタイマーの契約期間満了まで待って「雇止め」をする手段があります。雇止めは解雇にはあたらず、雇止めをする際には整理解雇の4要件が適用されないからです。この場合は「有期労働契約の締結、更新および雇止めに関する基準」（132ページ）や雇止め法理に反しないことが求められます。

相談 退職勧奨

Case パートタイマーの女性が妊娠し、今後の遅刻・早退の可能性について申出を受けたため、「出産・育児に専念した方がよい」と伝えようと思いますが、これは問題ですか。

回答 労働者から任意退職することを促す使用者（会社の役員や上司など）の行為を退職勧奨といいます。ただし、会社側が従業員をだましたり、強迫することで、労働者が退職せざるを得ない状況に追い込まれた場合は、任意退職とはいえないため、労働者の退職は無効になります。このことは、正社員だけでなく、パートタイマーなどの非正規社員についても同様です。

男女雇用機会均等法9条では、パートタイマーなどを含むすべての女性労働者に対して、就業規則などに婚姻・妊娠・出産を退職理由として定めることや、これらを理由に不利益な取扱い（解雇や退職勧奨など）をすることを禁止しています。

本ケースにおける会社側の行為は、妊娠を理由として退職に追い込もうとしていると判断され、結果的にパートタイマーの女性が退職しても、その退職が無効となる可能性があります。また、退職をするように不当な精神的圧力を加えると、パワハラ（パワーハラスメント）と判断される可能性もあります。パワハラと判断された場合は、パワハラをした者だけでなく会社も、パートタイマーの女性に対して損害賠償責任を負うことになりかねません。

育児・介護休業法は、労働者が出産・育児について育児休業や短時間勤務制度などを利用できるようにすることを、事業者（会社）に義務づけています。「女性労働者が出産・育児に専念するために仕事を辞めるべき」という考え方は法律の趣旨に反します。妊娠した部下を気遣うつもりの発言であるとしても、退職が無効となる場合や損害賠

償責任を負う可能性があることに注意が必要です。

相談　退職の申出

Case　パートタイマーが急に「2週間後に辞めたい」と言ってきて困っています。当社では、仕事の引継ぎも考慮して、就業規則に退職についての規定があるのでそれに従ってもらいたいと思っています。

回答　多くの会社では、退職予定日の30日以上前に退職届を提出しなければならないとする就業規則を導入しているようです。民法627条では、労働者からの退職の申出（解約の申入れ）は2週間前にすればよいと規定されていますが、これは無期労働契約の労働者に適用されるものです。パートタイマーが無期労働契約を結んでいれば、就業規則の定めに関係なく、退職申出日から2週間経過後に退職が認められるのが原則です。しかし、パートタイマーは有期労働契約を結んでいるのが一般的です。有期労働契約の労働者は、使用者による解雇と同じく「やむを得ない事由」がなければ、契約期間中に退職できないのが原則です（民法628条）。ただ、有期労働契約の労働者が1年を超えて継続勤務しているのであれば、やむを得ない事由がなくても、契約期間中にいつでも退職ができます（労働基準法137条）。

以上のように、労働者側からの退職を引き留めるのは、基本的には難しいといえますので、引継ぎの関係で2週間では足りないという会社側の事情を説明し、パートタイマーとの合意により、引継ぎに必要な期間勤務してもらう交渉をすることが必要です。労働者が合意してくれないのであれば、2週間で退職できるように調整することになるでしょう。会社としては、引継ぎや有給休暇の消化などの問題を解決するため、労働者と十分に話し合って、労働者が円満に退職できる環境を整えるようにしましょう。

相談 退職したときの社会保険・雇用保険の届出

Case 従業員が離職したときには、雇用保険や健康保険などについて、どんな手続きを行う必要があるのでしょうか。

回答 まず雇用保険の資格を喪失させる手続きを行います。手続きには資格喪失届の提出が必要です。離職者が雇用保険の失業給付を受けるために離職票の交付を希望したときは、資格喪失届に加えて雇用保険被保険者離職証明書を作成します。届出は事業主が、離職した日の翌日から10日以内に、雇用保険被保険者資格喪失届を管轄の公共職業安定所へ行います。添付書類は、本人が離職票の交付を希望しない場合を除き、原則として雇用保険被保険者離職証明書を添付しますが、59歳以上の人の場合は必ず離職証明書を添付します。その他の添付書類には、①労働者名簿、②出勤簿、③賃金台帳、などがあります。なお、令和7年1月からは、一定の要件を満たすと、離職者本人のマイナポータルから離職票の交付が受けられるようになっています。

また、雇用保険と同様に、健康保険と厚生年金保険の資格も喪失します。退職日の翌日に健康保険の被保険者資格が失われますので、退職した人は資格確認書（健康保険被保険者証）を会社に返却しなければなりません（マイナ保険証を利用している場合は資格確認書が発行されないため返却不要）。会社は、被保険者（退職した人）が資格を喪失した日から5日以内に、年金事務所あるいは健康保険組合に被保険者資格喪失届と資格確認書（被保険者証）を提出します。

離職した者と連絡がつかず資格確認書等を回収できないときは、資格喪失届の他に健康保険被保険者証回収不能届を提出します。なお、離職した社員に扶養する親族がいる場合は、被扶養者分の資格確認書等も同様に返納が必要です。

11 パートタイマーを正社員にする際に注意すべき点は何か

労使双方の要望を十分に確認する

■ パートタイマーの正社員採用が奨励されている

　優秀な人材をできるだけ低コストで採用し、長く勤務してもらいたいというのは、企業の正直な希望でしょう。しかし、新卒者の離職率は依然として高く、さらに、少子高齢化などの社会情勢もあって、優秀な人材の確保が大変難しくなっているのが現状です。

　このような事情を考えると、パートタイマーとして採用している労働者の中から、ある一定の基準をクリアする人を正社員として採用するという方法は、人材確保の一環として有効といえ、パートタイマーの労働意欲向上にもつながります。

　パートタイム・有期雇用労働法は、パートタイマーの労働環境の改善や地位の向上、差別的取扱いの禁止など、パートタイマーの待遇の確保を図るため、さまざまな規定を設けていますが、正社員への転換の促進に関する規定（同法13条）もそのひとつです。

　具体的には、事業主（会社など）が正社員の募集を行う場合、その募集内容を雇用するすべてのパートタイマーに周知しなければなりません。正社員の配置（正社員のポストの社内公募）を新たに行う場合は、当該配置の希望を申し出る機会をパートタイマーに与えなければなりません。その他、正社員転換試験制度など、パートタイマーの正社員転換制度の整備が求められています。

■ 正社員として採用する際の注意点は何か

　パートタイマーを正社員にする際に、事業主は、「対象のパートタイマーが労働条件や処遇の変化について正確に理解しているか」とい

う点について注意しなければなりません。

　パートタイマーという働き方については、法的に明確な定義があるわけではなく、その会社ごとの事情によって、その労働条件などを定めることができます。したがって、正社員との違いも会社によってさまざまで、一般的には以下のような条件上の違いが見られます。

① 労働時間・日数

　一般的にパートタイマーは正社員に比べ労働時間や日数が短く、短時間・有期雇用労働指針により、事業主には、所定労働時間を超えた残業や休日出勤をさせないように配慮することが求められています。

② 賃金

　パートタイム・有期雇用労働法8条により、パートタイマーの賃金について、事業主は、正社員との不合理な待遇差を設けることが禁止されます（均衡待遇規定、38ページ）。もっとも、パートタイマーは時給制が多く、勤務時間数に賃金が左右されるため、正社員に比べ収入が不安定です。

③ 休暇や休業の制度利用

　有給休暇や育児休業などの制度は、所定労働時間や勤務期間など一定の条件を満たしていれば、パートタイマーでも取得する権利がありますが、取得率が高いとはいい切れないのが現状です。

④ 昇進等の制度

　正社員になれば昇進・昇給の対象とされる反面、責任が増大し、異動や配置転換の対象になる可能性もあります。

⑤ 福利厚生

　パートタイム・有期雇用労働法12条により、事業主は、正社員に利用機会を与えている福利厚生施設について、パートタイマーに対しても利用機会を与えるように配慮しなければなりません。もっとも、現状としては正社員の方が利用しやすい環境に置かれています。

　労働者にとっては、賃金などの面で正社員になるメリットは大きい

と思われますが、「育児や介護をすべき家族がいる」「被扶養者でいる方が好都合である」「責任の増大による精神的ストレスを受けたくない」などの事情により、あえてパートタイマーを選択することもあります。したがって、パートタイマーを正社員にする段階において、労働条件や処遇の違いを明確に示し、企業と労働者双方の要望が合致しているかどうかを双方が十分に確認することが必要です。

無期労働契約へ転換できる制度がある

労働契約法18条により、パートタイマー（有期労働契約の労働者）の無期労働契約への転換が可能になっています。これを「無期転換ルール」といいます。具体的には、有期労働契約を繰り返し更新することで働き続けているパートタイマーは、契約期間が通算5年を超えた場合、本人が望めば、無期労働契約に転換することができます。パートタイマーが転換の申込みをした場合、使用者に拒否権はなく、転換の申込みを承諾したとみなされます。

これにより、雇止めの不安にかられながら有期労働契約の更新を繰り返していたパートタイマーは、5年間継続して同じ会社で働いていれば、安定した無期労働契約への道が開けることになります。

■ 正社員とパートタイマーの現状比較

項　　目	正社員	パート	
労働時間	△	○	パートの方が短く、残業も少ない
賃金	○	△	正社員の方が収入が安定している
休暇や休業の制度利用	○	△	パートも要件を満たせば取得できるが、現実には取りづらい
昇進等の制度	○	△	正社員の方が有利だが、責任の重さ、配置転換などの義務も生じる
福利厚生	○	△	正社員の方が社会保険などが充実

12 短時間・地域限定正社員制度について知っておこう

短時間の勤務で正社員として働くことができる制度

■■ 短時間正社員制度とは

　短時間正社員制度とは、他のフルタイムの正社員と比較して、その所定労働時間（所定労働日数）を短く設定して正社員として雇用する制度のことをいいます。短時間正社員制度について具体的に定めた法律はないため、労働基準法や最低賃金法などの法律を遵守する限り、企業内でこのような働き方を就業規則等で定めて独自のルールを決定することができます。

　短時間正社員に該当する一般的な要件として、①期間の定めのない雇用契約（無期労働契約）を締結している者であって、②時間当たりの基本給や賞与、退職金などの算定方法等が同一事業所に雇用される同種のフルタイムの正社員と同等である者であることが必要となります。

■■ 短時間正社員制度のメリットとデメリット

　短時間正社員制度の導入により、ライフスタイルやライフステージに応じたさまざまな働き方が可能となることから、多様な人材が正社員として勤務することが可能になります。

　また、育児や介護などさまざまな事情によってフルタイムで就業することが困難な人たちに対して、就業の継続や就業の機会を与えることができる点も大きな長所です。

　企業側にとっても、短時間正社員制度を通じて人材を確保することができるため、人材不足や社員が定着しないという課題の解決につながります。企業全体の生産性や効率が向上するとともに、少子・高齢化が進む我が国において、企業の社会的責任を果たすきっかけとして、

短時間正社員制度を位置づけることも可能です。

　ただし、短時間正社員制度にはデメリットもあります。まず、短時間正社員の勤務時間はフルタイムの正社員と比べて短いために、どうしても収入が低くなってしまいます。また、勤務時間の短さから、残業が発生するような負担の大きい業務や高難度の業務、責任の大きい業務を任されにくいため、短時間正社員によっては自身が望むような仕事を任されてもらえないこともあります。企業の側から見ても、短時間正社員に大きなプロジェクトなどを任せることが難しいという制約があることはデメリットでしょう。

■■ 短時間正社員をどのように管理すればよいのか

　企業が短時間正社員制度を導入する際には、労働条件についても綿密に検討することが重要となります。あくまでも正社員として登用する制度である以上、成果評価や人事評価の方法について、原則的に他の正社員と同様の基準に従って判断する必要があります。さらに、キャリアアップの方法として短時間正社員制度を導入する企業については、具体的なキャリアの相互転換に関する規定をあらかじめ明確に定めておくべきでしょう。

■■ 地域限定正社員制度とは

　短時間正社員制度とは別に、地域限定正社員制度を設けている会社もあります。短時間正社員が労働時間に制限がある正社員であるのに対し、地域限定正社員は、転勤に制限のある正社員のことをいいます。

　地域限定正社員制度においては、全国的な転勤は不可として県内や市町村内での転勤のみ可能とすること、または、転勤はまったく行わない、とすることができます。

　地域限定正社員制度を設けるメリットは、短時間正社員制度と同様に、多様な人材を確保できることです。最近では、仕事と家庭の両立

が重要視され、単身赴任を拒否するケースがあります。転勤の有無によって有能な人材を確保することができないという事態を回避することが可能となります。さらに、地域密着型での採用が可能となり、地元での採用力強化につながります。

また、パートタイム・有期雇用労働法によって、正社員と有期雇用労働者の不合理な待遇差は禁止されていますが、転勤の有無は、不合理な待遇差の考慮要素のひとつとして挙げられるため、有期雇用労働者から正社員のステップアップとして、地域限定正社員制度を導入する企業も増えています。

地域限定社員制度のデメリットとしては、管理職などの広域的な視野が必要な人材を育成することが難しく、幅広い経験を得る機会が減少してしまう可能性があります。

また、一か所もしくは狭い地域でのみ勤務することになり、業務のマンネリ化や属人化が進んでしまう恐れがあります。

■ 短時間正社員制度

正社員 　フルタイム
(例) 9:00 始業　　　　　　　　　　　　18:00 終業

短時間正社員　短時間正社員制度　　　　　育児・介護など　必要な事柄に時間を充てることができる
(例) 9:00 始業　　13:00 終業
可能な範囲で仕事を継続できる

① 期間の定めのない雇用契約（無期労働契約）を締結していること
② 時間当たりの基本給や賞与、退職金などの算定方法等が同一事業所に雇用される同種のフルタイムの正社員と同等であること　∴派遣社員やパート社員は対象にならない

第3章
副業・兼業の法律と実務ポイント

1 副業・兼業の促進に関するガイドラインの概要

会社としては労働者の健康管理や情報管理などに留意する

■■ ガイドラインにはどんなことが書かれているのか

　今日では、副業・兼業を希望する人が増加しています。このような状況の中で、厚生労働省は、副業・兼業に安心して取り組むことができるように、副業・兼業の場合における労働時間管理や健康管理等について「副業・兼業の促進に関するガイドライン」を策定し公表しています。直近では、このガイドラインは令和4年7月に改定されています。

　ガイドラインは、「副業・兼業の現状」「副業・兼業の促進の方向性」「企業の対応」「労働者の対応」「副業・兼業に関わるその他の制度について」という内容で構成されています。以下で、ガイドラインで示されている副業・兼業における企業や労働者がとるべき対応について見ていきましょう。

■■ 企業はどのような対応をとるべきであるとされているか

・基本的な考え方

　ガイドラインは、まず、企業は原則として副業・兼業を認める方向とすることが適当であるとしています。そして、実際に副業・兼業を進めるにあたっては、労働者と企業の双方が納得感を持って進めることができるように、企業と労働者との間で十分にコミュニケーションをとることが重要であるとしています。また、企業の副業・兼業についての取り組みを公表することによって、労働者の職業選択を通じて、多様なキャリア形成を促進することが望ましいとしています。その上で、副業・兼業において使用者が留意すべき点として、さまざまな点を挙げています。以下、主なものを紹介します。

・安全配慮義務

　安全配慮義務とは、労働者の生命、身体等の安全を確保しつつ労働することができるよう、必要な配慮をする使用者の義務のことです。

　ガイドラインは、「副業・兼業を行う労働者を使用するすべての使用者が安全配慮義務を負っている」としています。その上で、副業・兼業に関して問題となり得る場合としては、使用者が、労働者の全体としての業務量・時間が過重であることを把握しながら、何らの配慮をしないまま、労働者の健康に支障が生ずるに至った場合等が考えられるとしています。

　そのため、使用者がとるべき措置として、就業規則や労働契約等で、長時間労働等によって労務提供上の支障がある場合には、副業・兼業を禁止または制限することができるとしておくことなどが考えられるとしています。

・労働時間管理、労務管理

　ガイドラインは、使用者は、副業・兼業を行う労働者の労働時間の管理を適切に行い、長時間労働とならないように配慮することが望ましいとしています。そのため、副業・兼業開始前の所定労働時間の通算や、副業・兼業開始後の所定外労働時間の通算を行うことを求めています。さらに、使用者が副業・兼業に伴う労務管理を適切に行うために、届出制など副業・兼業の有無・内容を確認するためのしくみを設けておくことが望ましいとしています。

・健康管理

　ガイドラインは、使用者は副業・兼業を行っている労働者に対し、健康保持のため自己管理を行うよう指示し、心身の不調があれば都度相談を受けることを伝えること、副業・兼業の状況も踏まえ、必要に応じて法律を上回る健康確保措置を実施することなど、労使の話し合い等を通じて、副業・兼業を行う労働者の健康確保に資する措置を実施することが適当であるとしています。

■■ 労働者はどのような対応をとるべきであるとされているか

　ガイドラインでは、副業・兼業を希望する労働者は、まず、労働契約や就業規則などによって自身が勤めている企業における副業・兼業に関するルールを確認し、そのルールに照らして、業務内容や就業時間について適切な副業・兼業を選択する必要があるとしています。

　また、副業・兼業による過労によって健康を害したり、業務に支障を来したりすることがないよう、業務の量や進捗状況、業務に費やす時間や健康状態を管理する必要があるとしています。

　そこで、ガイドラインは、使用者が提供する健康相談等の機会の活用や、始業・終業時刻、休憩時間、勤務時間や健康診断の結果などを容易に管理することができるツールを利用して、自己の就業時間や健康の管理に努めることを推奨しています。

　この他、ガイドラインでは、副業・兼業に関わるその他の制度について、複数就業者の労災保険の認定・給付について、雇用保険、厚生年金保険、健康保険の加入手続きについても掲載しています。

■ 副業・兼業の促進に関するガイドライン

ガイドライン： 現行の法令や解釈をまとめたもの	【主な内容】
下記の内容で構成される ● 副業・兼業の現状 ● 副業・兼業の促進の方向性 ● 企業の対応 ● 労働者の対応 ● 副業・兼業に関わるその他の制度について	・企業は、適切な労務管理を行い、労働時間の管理や健康への配慮などを行うこと ・労働者は、健康を害したり業務に支障を来したりしないよう、業務量や時間・健康の管理を適切に行うこと　　など

2 複数の事業所で働く場合の労働時間の通算について知っておこう

三六協定の締結、割増賃金の支払いが必要な場合もある

■■ 割増賃金などとの関係で労働時間は通算される

　労働基準法38条では、「労働時間は、事業場を異にする場合においても、労働時間に関する規定の適用については通算する」と規定しています。事業場を異にするとは、事業主が異なる場合も含んでいます。つまり、本業先のA社と副業先のB社において、それぞれの労働時間を通算するということです。

　労働基準法では法定労働時間は1日8時間、週40時間と定めており、労働時間を通算することでこの時間を超えて働く場合には、三六協定の締結と時間外労働の割増賃金の支払いが必要となります。ある会社で雇用している労働者がすべてアルバイトで1日8時間、週40時間を超えるケースは一人もいないため、三六協定を締結していないという事業主がいるかもしれません。しかし、その労働者が副業による労働時間の通算によって、この時間を超えている場合には、三六協定を締結し、時間外労働の割増賃金を支払う義務を負います。

■■ 割増賃金の支払義務を負うのはどの事業主か

　労働時間の通算によって、法定労働時間を超えてしまった場合に、どちらの事業場が割増賃金の負担をするべきかという問題が発生します。この問題について「副業・兼業の促進に関するガイドライン」のQ&Aにおける考え方は次のとおりです。

　割増賃金を支払う義務を負うのは、労働者を使用することにより、法定労働時間を超えてその労働者を労働させるに至った（それぞれの法定外労働時間を発生させた）使用者です。したがって、一般的には、通

算により法定労働時間を超えることになる所定労働時間を定めた「労働契約を後から締結した使用者」は、契約の締結にあたって、当該労働者が他の事業場で労働していることを確認した上で契約を締結すべきであり、割増賃金を支払う義務を負うことになります。ただし、通算した所定労働時間がすでに法定労働時間に達していることを知りながら労働時間を延長するときは、先に契約を結んでいた使用者も含め、延長させた各使用者が割増賃金を支払う義務を負うことになります。以上の考え方を具体的なケースにあてはめて考えると、次のような結論になります。

> **ケース①** A事業主と1日当たりの所定労働時間を7時間とする労働契約を締結している労働者が、後から副業としてB事業主と1日当たりの所定労働時間を3時間とし、所定労働日を事業主Aと同じ日とする労働契約を締結した場合

このケースでは、後から労働契約を締結したB事業主が割増賃金を支払う義務を負うことになります。副業を始める前の1日当たりの所定労働時間は7時間であり、1日当たりの法定労働時間である8時間以内に収まっていますが、副業を始めた後の1日当たりの所定労働時間は通算で10時間となり、時間外労働2時間分については、事業主Bが割増賃金を支払う義務を負います。

> **ケース②** A事業主と1日当たりの所定労働時間を8時間とし、所定労働日を月曜日から金曜日とする労働契約を締結している労働者が、後から、副業としてB事業主と1日当たりの所定労働時間を8時間とし、所定労働日を土曜日とする労働契約を締結した場合

このケースでも、後から労働契約を締結したB事業主が割増賃金を

支払う義務を負うことになります。副業を始める前の1日当たりの所定労働時間は8時間、1週間当たりの所定労働時間は40時間であり、1週間当たりの法定労働時間である40時間以内ですが、副業を始めた後の1週間当たりの所定労働時間は48時間となり、時間外労働8時間分について、事業主Bが割増賃金を支払う義務を負います。

> **ケース③** A事業主と1日当たりの所定労働時間を4時間とする労働契約を締結している労働者が、後から副業としてB事業主と1日当たりの所定労働時間を4時間とし、所定労働日を事業主Aと同じ日とする労働契約を締結し、A事業主の下で6時間勤務し、同じ日にB事業主の下で4時間勤務した場合

このケースでは、A事業主が2時間分の割増賃金を支払う義務を負うことになります。所定労働時間は通算で1日当たり8時間ですので、法定労働時間内ですが、1日の労働時間は10時間であり、時間外労働2時間分について割増賃金の支払義務を負います。このケースと異なり、B事業主が1日当たり6時間の労働をさせた場合には、B事業主が時間外労働2時間分について割増賃金の支払義務を負います。

> **ケース④** A事業主と1日当たりの所定労働時間を4時間とする労働契約を締結している労働者が、後から副業としてB事業主と所定労働時間を3時間とし、所定労働日を事業主Aと同じ日とする労働契約を締結し、A事業主の下で5時間勤務し、同じ日にB事業主の下で4時間勤務した場合

このケースでは、B事業主が割増賃金を支払う義務を負うことになります。所定労働時間は通算で1日当たり7時間ですので、法定労働時間内です。そして、A事業主の下で所定時間外労働が1時間発生し

第3章 ◆ 副業・兼業の法律と実務ポイント

ていますが、A事業主の下での労働が終了した時点では、B事業主の下での所定労働時間を含めた1日の労働時間は8時間であり、法定労働時間内です。その後、B事業主の下で所定時間外労働が1時間発生し、1日の労働時間が9時間となり、法定時間外労働が1時間分発生しますので、B事業主が割増賃金を支払う義務を負うことになるのです。

■ 会社が行うべきことは何か

　労働時間の通算により時間外労働が発生する可能性がある場合は、三六協定を締結し、届出をする必要があります。

　また、割増賃金の支払いがどちらの事業主に発生するかはそれぞれのケースを検討しなければなりません。そのためには、双方の労働時間を把握しておく必要があります。具体的には、副業の許可をする段階で、副業先の所定労働日、所定労働時間などを申告させることが考えられます。毎月、副業の実労働時間を申告させることも有効です。

　なお、割増賃金の支払いのための労働時間の通算については、双方の労働時間管理の難しさなどから法整備が求められていましたが、令和6年に開催された労働基準関係法制研究会の報告書の中で、割増賃金の支払いについては、通算を要しないような制度改正に取り組むことが考えられるとしています。ただし、労働者の健康確保のための通算については、引き続き行うべきとの方針になっています。

■ 労働時間規制の対象とならない場合

　労働基準法38条の労働時間の通算については、労働者のみが適用対象です。副業が自営業で業務委託契約や請負契約によって業務を提供している場合には、労働時間規制の適用対象外となり、業務に従事した時間を通算して1日8時間、1週40時間を超えても割増賃金の支払いは発生しません。また、労働者でも管理監督者などの立場にある者は、労働時間規制の対象外であるため、割増賃金の支払いは発生しません。

■ 割増賃金が発生するケース例

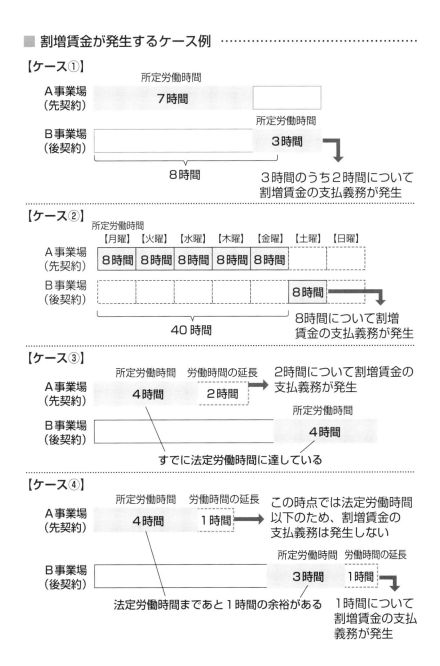

3 副業・兼業と労災保険について知っておこう

通勤中や業務中の被災など問題点を把握しておく

■ 労災保険について

　労災保険は、正式名称を「労働者災害補償保険」といいます。労災保険は、業務上もしくは通勤中の負傷・疾病・障害・死亡に対して労働者やその遺族に必要な保険給付を行います。業務中に生じた災害については、本来は労働基準法に基づき使用者が補償すべきものです。しかし、補償するだけの財政的基盤がない使用者もあり、労働者に十分な補償が行われない可能性があります。そこで、国が労災保険の制度を作りました。使用者は保険料の全額を負担し、業務災害や通勤災害が発生した場合には、労災保険から保険給付が行われます。

■ どんなことが問題になるのか

　労災保険は、正社員・パート・アルバイトなどにかかわらず雇用されているすべての労働者が加入します。そして、業務中や通勤時に被った負傷、疾病、障害、死亡に対して必要な給付を受けることができます。本業と副業・兼業のように複数の事業場で働く労働者（複数事業労働者）の労災保険については、それぞれの賃金額を合算して給付基礎日額の計算が行われます。

① 　複数事業労働者が業務中に被災した場合の給付額

　複数事業労働者がA社で10万円、B社で7万円の賃金（平均賃金）を支給されていたケースで、B社で業務災害にあった場合、B社（災害発生事業場）で得ていた7万円だけではなく、A社とB社の賃金の合計額17万円を基に給付基礎日額が算定されます。なお、日給や時給の場合には、給付基礎日額の原則の計算方法の他に、最低保障平均賃

金（平均賃金の原則により計算した金額より、最低保障額が上回る場合）がありますが、各事業場の合算前の計算では、最低保障平均賃金を適用せずに計算し、合算することになります。

② **複数事業労働者が通勤中に被災した場合の給付額**

複数事業労働者が通勤中に被災した場合でも、①と同様、両方の使用者から支払われる賃金の合計を基に保険給付額が算定されます。

③ **複数業務要因による災害**

脳・心臓疾患や精神障害などの疾病は、複数の事業場で働く労働者の場合は、いずれかの事業場の要因で発症したかがわかりにくい労働災害です。

複数事業労働者の精神障害や脳・心臓疾患の労災認定においては労働時間の通算が行われ、A社とB社で労働時間を通算して労災認定の基準時間（発病直前の1か月に概ね160時間以上の時間外労働を行った場合等）を超えていた場合には、労災認定がされる可能性があります。このように、A社とB社の時間外労働やストレスなどの業務負荷を総合的に評価して労災認定された災害を「複数業務要因災害」といいます。

保険料はどのように算定するのか

労災保険料は、保険給付の実績額に基づいて算定されます。たとえば、労災発生が多い事業場は保険料が高く、労災発生が少ない事業場は保険料が低くなります（メリット制）。

複数事業労働者については非災害発生事業場の分も合算した賃金額をベースに労災給付がなされることになりますが、非災害発生事業場にとっては努力しても防ぎようのない労災であるため、非災害発生事業場の次年度以降の保険料には反映させないものとしています。

どんな保険給付があるのか

複数事業労働者の保険給付には、①複数事業労働者休業給付、②複

数事業労働者療養給付、③複数事業労働者障害給付、④複数事業労働者遺族給付、⑤複数事業労働者葬祭給付、⑥複数事業労働者傷病年金、⑦複数事業労働者介護給付、の７つの給付があります。

■■ どのように申請するのか

　複数事業労働者（複数業務要因災害）に関する保険給付の申請は、業務災害の場合は、「業務災害用・複数業務要因災害用」の様式を使用します。業務災害と複数業務要因災害に関する保険給付申請は同時に行います。

　複数事業労働者にあたる場合は、まず、１つの事業場のみの業務上の負荷（労働時間・ストレスなどの要因）を評価して業務災害にあたるかどうかを判定します。１つの事業場のみでは業務災害にあたらない場合は、複数の事業場の業務上の負荷を総合的に評価した上で、労災認定の判断をします。

　複数事業労働者にあたらない場合は、従来通り、業務災害として労災認定を行います。

　申請書の裏面にある「その他就業先の有無」には、必要事項を必ず記載する必要があります。複数事業労働者については、その他就業先の有無に記載がない場合は、通常の業務災害のみの申請と扱われますので注意が必要です。脳・心臓疾患や精神障害などの疾病はどちらの事業場が原因かの判断がつきにくいため、主に負荷があったと感じる事業場の事業主から証明をもらい提出します。

　様式は、厚生労働省のホームページからダウンロードできます。
https://www.mhlw.go.jp/stf/seisakunitsuite/bunya/koyou_roudou/roudoukijun/rousaihoken.html

書式　休業補償給付　複数事業労働者休業給付支給請求書

　複数事業労働者の場合は、休業補償給付支給請求書（様式第８号）で記入した事業場以外で働いている事業場の労働保険番号、そこでの平

均賃金、雇入期間、事業主の証明などを記載した別紙も用意して添付する必要があります。別紙については、各事業場ごとに記入して提出します。

書式　療養補償給付及び複数事業労働者療養給付たる療養の給付請求書

複数事業労働者の場合は、療養補償給付及び複数事業労働者療養給付たる療養の給付請求書（様式第5号）の裏面のその他就業先の有無の欄で、有に○をして、その数を記入します。その他就業先で特別加入をしている場合には、特別加入の状況と労働保険番号を記入します。

書式　療養補償給付及び複数事業労働者療養給付たる療養の費用請求書

複数事業労働者の場合は、療養補償給付及び複数事業労働者療養給付たる療養の費用請求書（様式第7号（1））の裏面のその他就業先の有無の欄で、有に○をして、その数を記入します。その他就業先で特別加入をしている場合には、特別加入の状況と労働保険番号を記入します。

書式　障害補償給付　複数事業労働者障害給付支給請求書

複数事業労働者の場合は、障害補償給付　複数事業労働者障害給付支給請求書（様式第10号）の裏面の⑭その他就業先の有無の欄で、有に○をして、その数を記入します。その他就業先で特別加入をしている場合には、特別加入の状況と労働保険番号を記入します。

■ 副業・兼業と労災保険（複数事業労働者）

第3章 ◆ 副業・兼業の法律と実務ポイント

書式　休業補償給付支給請求書

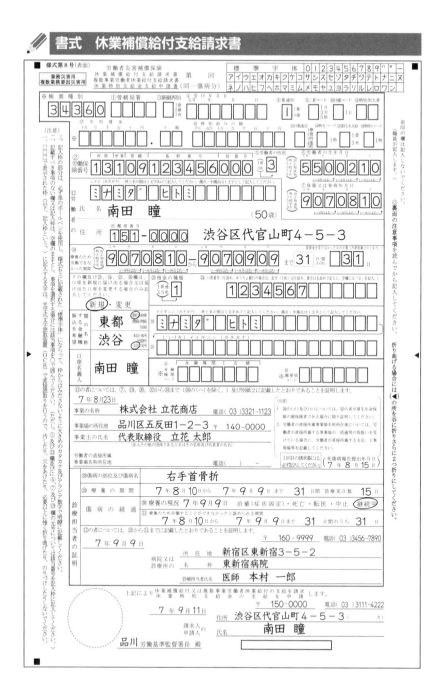

様式第8号(裏面)

[注意]

⑫労働者の職種	⑬負傷又は発病の時刻	⑭平均賃金(算定内訳別紙1のとおり)		
事務職	午(前)・後 11 時 00 分頃	3,180 円 銭		
⑮所定労働時間	午(前)・後 9 時 00 分から午前・(後) 1 時 00 分まで	⑯休業補償給付額、休業特別支給金額の改定比率	平均給与額 証明書のとおり	

⑰災害の原因、発生状況及び発生当日の就労・療養状況
(あ)どのような場所で(い)どのような作業をしているときに(う)どのような物又は環境に(え)どのような不安全な又は有害な状態があって(お)どのような災害が発生したか(か)⑦と初診日と災害発生日が同じ場合は当日所定労働時間内に通院したか、⑦と初診日が異なる場合はその理由を詳細に記入すること

事務所内で、書類をロッカーに格納する際に踏み台で足を滑らせて転倒し、右手首を骨折してしまった。

⑱厚生年金保険等の受給関係	(イ)基礎年金番号		(ロ)被保険者資格の取得年月日	年 月 日	
	(ハ)当該傷病に関して支給される年金の種類等	年金の種類	厚生年金保険法の 国民年金法の 船員保険法の	イ 障害年金 ロ 障害厚生年金 ハ 障害年金 ニ 障害基礎年金 ホ 障害年金	
		障害等級		級	
		支給される年金の額		円	
		支給されることとなった年月日	年 月 日		
		基礎年金番号及び厚生年金等の年金証書の年金コード			
		所轄年金事務所等			

㉙その他就業先の有無		
(有)・無	有の場合のその数(ただし表面の事業場を含まない) 1 社	
有の場合でいずれかの事業で特別加入している場合の特別加入状況(ただし表面の事業を含まない)	労働保険事務組合又は特別加入団体の名称	
	加入年月日 年 月 日	
	給付基礎日額 円	
	労働保険番号(特別加入)	

社会保険労務士記載欄	作成年月日・提出代行者・事務代理者の表示	氏 名	電話番号 ( ) —

一、所定労働時間後に負傷した場合には、⑬及び⑮欄については、当該負傷した日を除いて記載してください。

二、傷病補償年金の請求書には、⑭欄は記載する必要はありません。

三、⑭欄の平均賃金は、労働基準法の平均賃金に相当する額を記載してください。なお、平均賃金の算定基礎期間中に業務外の傷病の療養等のために休業した期間が含まれる場合においてその期間の日数及びその期間中の賃金の額を控除して算定した平均賃金に相当する額を記載した場合は、その旨を別紙1の⑯欄に記載してください。この算定方法による平均賃金が、労働基準法第12条の平均賃金の額を下回る場合には、別紙1において「一部休業日」という。)ものとされた日があるときに限り添付してください。

四、別紙3は、⑲欄の「その他就業先の有無」で「有」に○を付けた場合に、その他就業先ごとに記載してください。その際、その他就業先ごとに様式第8号の別紙1及び別紙2における「平均賃金算定内訳」に記載した事項を記載してください。なお、その他就業先ごとに記載した別紙1及び別紙2については④欄に記載する必要はありません。

五、㉘欄には、その者が災害発生事業場で特別加入者であるときは、その者の給付基礎日額を記載してください。

㉙及び㉛欄の事項を証明することができる書類その他の資料を添付してください。
事業主の証明は受ける必要はありません。

六、第二回以後の請求(申請)の場合には、⑫欄から㉝欄まで及び㉗欄については、前回の請求又は申請と同じ内容のものについては記載を省略することができます。

七、㉝欄の「その他就業先の有無」欄の記載がない場合又は複数就業していない場合、⑭欄の記載のみで請求されることとなります。

八、複数事業労働者休業給付の請求は、休業補償給付の支給がなされない場合、遇って請求されたものとみなされます。

九、「その他就業先の有無」欄に複数就業していない場合、複数事業労働者休業給付の請求はないものとして取り扱います。

十、疾病に係る請求の場合、脳・心臓疾患、精神障害及びその他二以上の事業の業務を要因とすることが明らかな疾病以外は、休業補償給付のみで請求されることとなります。

十一、休業特別支給金の支給の申請のみを行う場合には、⑲欄の「その他就業先の有無」欄の記載は必要ありません。

様式第8号（別紙1）（表面）

労働保険番号					氏　名	災害発生年月日
府県	所掌	管轄	基幹番号	枝番号	南田　瞳	令和7年 8月10日
13	1	09	123456	000		

平均賃金算定内訳

（労働基準法第12条参照のこと。）

雇入年月日	平成30年 12月 1日	常用・日雇の別	（常用）・日雇
賃金支給方法	月給・週給・日給・(時間給)・出来高払制・その他請負制	賃金締切日	毎月 20日

A	賃金計算期間	月　日から 月　日まで	月　日から 月　日まで	月　日から 月　日まで	計
月・週その他一定の期間によって支払ったもの	総日数	日	日	日	(イ) 日
	基本賃金	円	円	円	円
	手当	円	円	円	円
	手当	円	円	円	円
	計	円	円	円	(ロ) 円

B	賃金計算期間	4月21日から 5月20日まで	5月21日から 6月20日まで	6月21日から 7月20日まで	計
日若しくは時間又は出来高払制その他の請負制によって支払ったもの	総日数	30日	31日	30日	(ハ) 91日
	労働日数	15日	15日	15日	(ニ) 45日
	基本賃金	72,000円	72,000円	72,000円	216,000円
	通勤手当	7,500	7,500	7,500	22,500
	手当				
	計	79,500円	79,500円	79,500円	(ニ) 238,500円

総計	79,500円	79,500円	79,500円	(ホ) 238,500円

平均賃金	賃金総額(ホ)238,500円÷総日数(イ) 91 = 2,620円 87銭

最低保障平均賃金の計算方法

Aの(ロ)　　　　　円÷総日数(イ)　　　　　＝　　　　　円　　銭 (ヘ)
Bの(ニ) 238,500 円÷労働日数(ハ) 45 × $\frac{60}{100}$ ＝ 3,180 円　　銭 (ト)
(ヘ) 0 円　銭＋(ト)3,180 円　銭＝ 3,180 円　銭（最低保障平均賃金）

日日雇い入れられる者の平均賃金（昭和38年労働省告示第52号による。）	第1号又は第2号の場合	賃金計算期間	(チ)労働日数又は労働総日数	(リ)賃金総額	平均賃金(リ÷(チ)×$\frac{73}{100}$)
		月　日から 月　日まで	日	円	円　銭
	第3号の場合	都道府県労働局長が定める金額			円
	第4号の場合	従事する事業又は職業			
		都道府県労働局長が定めた金額			円

漁業及び林業労働者の平均賃金（昭和24年労働省告示第5号第2条による。）	平均賃金協定額の承認年月日	年　月　日	職種	平均賃金協定額	円

① 賃金計算期間のうち業務外の傷病の療養等のため休業した期間の日数及びその期間中の賃金を業務上の傷病の療養のため休業した期間の日数及びその期間中の賃金とみなして算定した平均賃金
（賃金の総額(ホ)－休業した期間にかかる②の(リ)）÷（総日数(イ)－休業した期間②の(チ)）
（　　　円－　　　円）÷（　　　日－　　　日）＝　　　円　銭

様式第8号(別紙1) (裏面)

② 業務外の傷病の療養等のため休業した期間
　　及びその期間中の賃金の内訳

賃　金　計　算　期　間	月　　日から 月　　日まで	月　　日から 月　　日まで	月　　日から 月　　日まで	計
業務外の傷病の療養等のため休業した期間の日数	日	日	日	(チ) 日
業務外の傷病の療養等のため休業した期間中の賃金	基本賃金	円	円	円	円
	手当				
	手当				
	計　　　　　円	円	円	(リ) 円
休　業　の　事　由				

③特別給与の額	支払年月日	支払額
	年　　月　　日	円
	年　　月　　日	円
	年　　月　　日	円
	年　　月　　日	円
	年　　月　　日	円
	年　　月　　日	円
	年　　月　　日	円

[注　意]
　③欄には、負傷又は発病の日以前2年間（雇入後2年に満たない者については、雇入後の期間）に支払われた労働基準法第12条第4項の3箇月を超える期間ごとに支払われる賃金（特別給与）について記載してください。
　ただし、特別給与の支払時期の臨時的変更等の理由により負傷又は発病の日以前1年間に支払われた特別給与の総額を特別支給金の算定基礎とすることが適当でないと認められる場合以外は、負傷又は発病の日以前1年間に支払われた特別給与の総額を記載して差し支えありません。

様式第8号（別紙2）

労働保険番号					氏　名	災害発生年月日
府県	所掌	管轄	基幹番号	枝番号		
13	1	09	123456	000	南田 瞳	令和7年8月10日

① 療養のため労働できなかった期間

　　令和7年 8 月 10 日から令和7年 9 月 9 日まで 31 日間

② ①のうち賃金を受けなかった日の日数　　　　　　　　31 日

③ ②の日数の内訳

	全部休業日	31 日
	部分算定日	日

④ 部分算定日の年月日及び当該労働者に対し支払われる賃金の額

年　月　日	賃金の額	備　考
年　月　日	円	

〔注意〕

1　「全部休業日」とは、②欄の「賃金を受けなかった日」のうち、部分算定日に該当しないものをいうものであること。

2　「部分算定日」とは、②欄の「賃金を受けなかった日」のうち、業務上等の負傷又は疾病による療養のため所定労働時間のうちその一部分についてのみ労働した日（以下「一部休業日」という。）若しくは賃金が支払われた休暇をいうものであること。
　　なお、月、週その他一定の期間（以下「特定期間」という。）によって支給される賃金が全部休業日又は一部休業日についても支給されている場合、当該全部休業日又は一部休業日は、別途、賃金が支払われた休暇として部分算定日に該当するため、当該賃金を特定期間の日数（月によって支給している場合については、三十）で除して得た額に、当該部分算定日の日数を乗じて得た額を④の「賃金の額」欄に記載すること。

3　該当欄に記載することができない場合には、別紙を付して記載すること。

様式第8号（別紙3）

複数事業労働者用

① 労働保険番号（請求書に記載した事業場以外の就労先労働保険番号）

都道府県所掌	管轄	基幹番号	枝番号
1 4 1	0 3	0 3 2 1 3 2	0 0 0

② 労働者の氏名・性別・生年月日・住所

（フリガナ氏名）　ミナミダ　ヒトミ
（漢字氏名）　南田　瞳　　性別：女　　生年月日：昭和 50年02月10日

〒 150-0000
（フリガナ住所）　シブヤク　ダイカンヤマチョウ
（漢字住所）　渋谷区代官山町4－5－3

③ 平均賃金（内訳は別紙1のとおり）

2,967 円 03 銭

④ 雇入期間

（昭和・平成・令和）　3年　4月　1日　から　現在　まで

⑤ 療養のため労働できなかつた期間

令和 7年8月10日 から 7年9月9日 まで　31 日間のうち
⑥ 賃金を受けなかつた日数（内訳は別紙2のとおり）　31 日

⑦ 厚生年金保険等の受給関係

（イ）基礎年金番号
（ロ）被保険者資格の取得年月日　年　月　日
（ハ）当該傷病に関して支給される年金の種類等

年金の種類　厚生年金保険法の　イ　障害年金　　ロ　障害厚生年金
　　　　　　国民年金法の　　　ハ　障害年金　　ニ　障害基礎年金
　　　　　　船員保険法の　　　ホ　障害年金

障害等級　　級　　支給されることとなつた年月日　年　月　日
基礎年金番号及び厚生年金等の年金証書の年金コード
所轄年金事務所等

上記②の者について、③から⑦までに記載されたとおりであることを証明します。

7年　9月　10日

事業の名称　東西ソフトウェア株式会社　電話（03）3721-0123
事業場の所在地　東京都大田区蒲田1－2－3
事業主の氏名　代表取締役　東田　三郎

品川 労働基準監督署長 殿

社会保険労務士記載欄	作成年月日・提出代行者・事務代理者の表示	氏名	電話番号
			（　）－

書式　療養補償給付及び複数事業労働者療養給付たる療養の給付請求書

様式第5号(表面)　労働者災害補償保険
業務災害用
複数業務要因災害用
療養補償給付及び複数事業労働者
療養給付たる療養の給付請求書

裏面に記載してある注意事項をよく読んである上で、記入してください。

標準字体 0123456789゛゜ー
アイウエオカキクケコサシスセソタチツテトナニヌ
ネノハヒフヘホマミムメモヤユヨラリルレロワン

※印の欄は記入しないでください。(職員が記入します。)

※帳票種別 **34590**
①管轄局署
②業通号 **1** 1金い 2通
③保留 1金いが 2通
⑥処理区分
※受付年月日

⑤労働保険番号
府県 所掌 管轄 基幹番号 枝番号
13 1 09 654321 000

㉓核算　⑦支給・不支給決定年月日　※

年金証書番号記入欄

⑧性別 **3** 1男 3男 5女 7女
⑨労働者の生年月日 **5 600610**
⑩負傷又は発病年月日 **9 070719**

④請求
⑪再発年月日

⑫シメイ(カタカナ) **アオキ　マユミ**
氏名　**青木　真由美** (40歳)

㉖複災　㉔三者　⑭特殊　㉕特別加入者
⑯傷病性質(業)　※

⑬労働者の
郵便番号 **151-0000**
フリガナ **シブヤクシブヤ**
住所 **渋谷区渋谷32-10**
職種 **事務職**

⑰負傷又は発病の時刻 午(前)**9**時**50**分頃
⑱災害発生の事実を確認した者の職名、氏名
職名 **総務課長**
氏名 **西村一郎**

⑲災害の原因及び発生状況
(あ)どのような場所で(い)どのような作業をしているときに(う)どのような物又は環境に(え)どのような不安全な又は有害な状態があって(お)どのような災害が発生したか(か)⑦と初診日が異なる場合はその理由を詳細に記入すること

事務所内で、書類をロッカーに格納する際に踏み台で足を滑らせて転倒し右手首を骨折してしまった。

⑳指定病院等の
名称 **東新宿病院**
所在地 **新宿区東新宿3-5-2**
電話(**03**) **3456-7890**
〒**160-9999**

㉑傷病の部位及び状態 **右手首骨折**

⑫の者については、⑩、⑰及び⑲に記載したとおりであることを証明します。　**7**年**7**月**23**日

事業の名称 **株式会社　立花商店**　電話(**03**) **3321-1123**
事業場の所在地 **品川区五反田1-2-3**　〒**141-0000**
事業主の氏名 **代表取締役　立花　太郎**
(法人その他の団体であるときはその名称及び代表者の氏名)

労働者の所属事業
場の名称・所在地

(注意) 1　労働者の所属事業場の名称・所在地については、労働者が直接所属する事業場が一括適用の取扱いを受けている場合に、労働者が直接所属する支店、工事現場等を記載してください。
2　派遣労働者について、療養補償給付又は複数事業労働者療養給付のみの請求がなされる場合にあっては、派遣先事業主は、裏面の事項の記載内容が事実と相違ない旨裏面に記載してください。

上記により療養補償給付又は複数事業労働者療養給付たる療養の給付を請求します。　**7**年**7**月**31**日

品川 労働基準監督署長 殿

病院
東新宿 診療所 経由
薬局
訪問看護事業者

請求人の
住所 〒**151-0000** **渋谷区渋谷32-10**　電話(**03**) **3111 4222**
氏名 **青木　真由美**

支不支給決定議　署長　副署長　課長　係長　係　決定年月日
不支給の理由
調査年月日
復命書番号　第　号　第　号

様式第5号(裏面)

㉒その他就業先の有無		
有 無	有の場合のその数 (ただし表面の事業場を含まない) 1　社	有の場合でいずれかの事業で特別加入している場合の特別加入状況 (ただし表面の事業を含まない) 労働保険事務組合又は特別加入団体の名称
労働保険番号（特別加入）	加入年月日　　　　　　　　　　　　年　　　　月　　　　日	

［項目記入にあたっての注意事項］
1　記入すべき事項のない欄又は記入枠は空欄のままとし、事項を選択する場合には該当事項を○で囲んでください。（ただし、⑧欄並びに⑨及び⑩欄の元号については、該当番号を記入枠に記入してください。）
2　⑱は、災害発生の事実を確認した者(確認した者が多数のときは最初に発見した者)を記載してください。
3　傷病補償年金又は複数事業労働者傷病年金の受給権者が当該傷病に係る療養の給付を請求する場合には、⑤労働保険番号欄に左詰めで年金証書番号を記入してください。また、⑨及び⑩は記入しないでください。
4　複数事業労働者療養給付の請求は、療養補償給付の支給決定がなされた場合、遡って請求されなかったものとみなされます。
5　㉒「その他就業先の有無」欄の記載がない場合又は複数就業していない場合は、複数事業労働者療養給付の請求はないものとして取り扱います。
6　疾病に係る請求の場合、脳・心臓疾患、精神障害及びその他二以上の事業の業務を要因とすることが明らかな疾病以外は、療養補償給付のみで請求されることとなります。

［その他の注意事項］
　この用紙は、機械によって読取りを行いますので汚したり、穴をあけたり、必要以上に強く折り曲げたり、のりづけしたりしないでください。

派遣先事業主 証明欄	派遣元事業主が証明する事項(表面の⑩、⑰及び⑲)の記載内容について事実と相違ないことを証明します。		
	年　月　日	事業の名称　　　　　　　　　　　　　電話（　　）－ 〒　　－ 事業場の所在地 事業主の氏名 (法人その他の団体であるときはその名称及び代表者の氏名)	

社会保険 労務士 記載欄	作成年月日・提出代行者・事務代理者の表示	氏　名	電話番号 （　　）－

書式　療養補償給付及び複数事業労働者療養給付たる療養の費用請求書

様式第7号(1)(裏面)

(リ) 労働者の所属事業場の名称・所在地	株式会社 立花商店 品川区五反田1-2-3	(ヌ) 負傷又は発病の時刻	午前 9 時 50 分頃	(ル) 災害発生の事実を確認した者の	職名	総務課長
					氏名	西村 一郎

(ヲ)災害の原因及び発生状況　(あ)どのような場所で(い)どのような作業をしているときに(う)どのような物又は環境に(え)どのような不安全な又は有害な状態があって(お)どのような災害が発生したか(か)⑦と初診日が異なる場合はその理由を詳細に記入すること

事務所内で、書類をロッカーに格納する際に踏み台で足を滑らせて転倒し右手首を骨折してしまった。

(注意)

療養の内訳及び金額					
診療内容	点数(点)	診療内容	金額	摘要	
初診	時間外・休日・深夜		初診	円	
再診	外来診療料 ×　回 継続管理加算 ×　回 外来管理加算 ×　回 時間外 ×　回 休日 ×　回 深夜 ×　回		再診　　回 指導　　回 その他	円 円 円	
指導			食事(基準) 円× 日間 円× 日間	円 円	
在宅	往診　　　　　　　　回 夜間　　　　　　　　回 緊急・深夜　　　　　回 在宅患者訪問診療　　回 その他 薬剤		小　計 摘　要	② 円	
投薬	内服 薬剤 単位 　　 調剤 ×　回 屯服 薬剤 単位 外用 薬剤 単位 　　 調剤 ×　回 処方 ×　回 麻毒 調基				
注射	皮下筋肉内　　　　回 静脈内　　　　　　回 その他　　　　　　回				
処置	薬剤				
手術麻酔	薬剤				
検査	薬剤				
画像診断	薬剤				
その他	処方せん　　　　　回 薬剤				
入院	入院年月日　年　月　日 病・診・衣　入院基本料・加算 　　　　　　　　×　日間 　　　　　　　　×　日間 　　　　　　　　×　日間 　　　　　　　　×　日間 特定入院料・その他				
小　計	点 ①	円	合計金額 ①+②	円	

⑧その他就業先の有無

有（〇） 有の場合のその数 1 社
（ただし表面の事業場を含まない）
無

有の場合でいずれかの事業で特別加入している場合の加入状況（ただし表面の事業を含まない）

労働保険事務組合又は特別加入団体の名称

加入年月日　　年　月　日

労働保険番号（特別加入）

一、共通の注意事項
事項を選択する場合には、該当する事項を○で囲むこと。
二、(ハ)(ニ)(ホ)について
その費用についての明細書及び看護移送等に要した費用についての明細書並びに看護に要した費用の額を証明する書類その他その費用の額を証明する書類を添えること。
三、(ニ)(ホ)について
同一の事由について、労働者災害補償保険法の規定による休業補償給付、複数事業労働者休業給付又は休業給付を受ける場合には、その請求書は別途提出すること。
四、(ロ)(ハ)について
(ロ)及び(ハ)(ヌ)(ヲ)までに記載する必要がないこと。
二、(イ)について
療養の給付を受けなかった理由を記載すること。
三、(ロ)について
災害発生の事実を確認した者(確認した者が多数あるときは最も先に発見した者)を記載すること。
四、(ハ)(ニ)(ホ)について
第1回以後の請求の場合には療養を受けた事業場以外の事業場の名称、所在地を記載する必要がないこと。
五、傷病補償年金又は複数事業労働者傷病年金の受給権者が当該傷病に係る療養の費用を請求する場合の注意事項
(イ)及び(ロ)(ヌ)(ヲ)までは記載する必要がないこと。
傷病の療養を担当している医師又は歯科医師の証明は受ける必要がないこと。
六、⑧欄労働保険番号については、請求人が特別加入者であるときのみ記載すること。
四、複数事業労働者療養給付の請求は、療養補償給付の支給決定がなされた場合、遡って請求されたものとみなされること。
五、⑧その他就業先の有無欄の記載がない場合又は複数就業していない場合は、複数事業労働者療養給付の請求はないものとして取り扱うこと。
六、疾病に係る請求の場合、脳・心臓疾患、精神障害及びその他二以上の事業の業務を要因とすることが明らかな疾病以外は、療養補償給付のみで請求されることとなること。

派遣先事業主証明欄	派遣元事業主が証明する事項(表面の⑦並びに(ヌ)及び(ヲ)の記載内容について事実と相違ないことを証明します。			
	年　月　日	事業の名称		電話(　)　-
		事業場の所在地	〒　-	
		事業主の氏名	(法人その他の団体であるときはその名称及び代表者の氏名)	

社会保険労務士記載欄	作成年月日・提出代行者・事務代理者の表示	氏　名	電話番号
			(　)　-

書式　障害補償給付　複数事業労働者障害給付支給請求書

様式第10号(表面)

業務災害用
複数業務要因災害用

労働者災害補償保険
障害補償給付 支給請求書
複数事業労働者障害給付
障害特別支給金 支給申請書
障害特別年金
障害特別一時金

① 労働保険番号
府県 13　所掌 1　管轄 09　基幹番号 654321　枝番号 000

② 年金証書の番号
管轄局　種別　西暦年　番号

③ 労働者の
フリガナ：シラカワ　リョウコ
氏名：白川 涼子（男・⼥）
生年月日：昭和62年6月8日（38歳）
フリガナ：カナガワケン カワサキシ スミヨシチョウ
住所：神奈川県川崎市住吉町2-11-4
職種：事務員
所属事業場名称・所在地：

④ 負傷又は発病年月日
7年8月14日
午前・午後 13時27分頃

⑤ 治ゆ(症状固定)年月日
7年11月20日

⑥ 災害の原因及び発生状況
荷物の入った段ボールを抱えて移動中に、足元が水で濡れていることに気が付かずに足を滑らせて転倒、右足首を骨折した。

⑦ 平均賃金
2,620円73銭

⑧ 特別給与の総額(年額)
円

⑨ 厚生年金保険等の受給関係
㋑ 厚年等の年金証書の基礎年金番号・年金コード
年金の種類：厚生年金保険法の イ.障害年金 ロ.障害厚生年金／国民年金法の イ.障害年金 ロ.障害基礎年金／船員保険法の障害年金
障害等級：級
支給される年金の額：円
支給されることとなった年月日：年　月　日
㋺ 厚年等の年金証書の基礎年金番号・年金コード
所轄年金事務所等

被保険者資格の取得年月日：年　月　日

③の者については、④、⑥から⑧まで並びに⑨の㋑及び㋺に記載したとおりであることを証明します。
7年11月29日
事業の名称：株式会社 立花商店　電話(03)3321-1123
事業場の所在地：品川区五反田1-2-3　〒141-0000
事業主の氏名：代表取締役 立花 太郎
(法人その他の団体であるときは、その名称及び代表者の氏名)

[注意] ⑨の㋑及び㋺については、③の者が厚生年金保険の被保険者である場合に限り証明すること。

⑩ 障害の部位及び状態（診断書のとおり）
⑪ 既存障害がある場合にはその部位及び状態

⑫ 添付する書類その他の資料名　レントゲン 2枚

⑬ 年金の払渡しを受けることを希望する金融機関又は郵便局
金融機関(郵便貯金銀行を除く)
名称：東都　銀行・金庫・農協・漁協・信組　住吉　本店・本所／出張所／支店・支所
預金通帳の記号番号：普通・当座　第9753124号

郵便局　支店等又は郵便貯金銀行の支店等
※ 郵便局コード
フリガナ
名称
所在地：都道府県　市郡区
預金通帳の記号番号：第　号

上記により
障害補償給付
複数事業労働者障害給付　の支給を請求します。
障害特別支給金
障害特別年金　　　　　　の支給を申請します。
障害特別一時金

7年11月29日
品川 労働基準監督署長　殿

〒211-0000
電話(080)6809-7731
請求人の申請人
住所：神奈川県川崎市住吉町2-11-4
氏名：白川 涼子
□本件手続を裏面に記載の社会保険労務士に委託します。

個人番号：2 4 6 8 0 1 1 3 5 7 9 9

振込を希望する金融機関の名称
東都　銀行・金庫／農協・漁協・信組　住吉　本店・本所／出張所／支店・支所

預金の種類及び口座番号
普通・当座　第9753124号
口座名義人

様式第10号(裏面)

⑭その他就業先の有無		
有 無	有の場合のその数 (ただし表面の事業場を含まない) 1 社	有の場合でいずれかの事業で特別加入している場合の特別加入状況 (ただし表面の事業を含まない) 労働保険事務組合又は特別加入団体の名称
労働保険番号（特別加入）		加入年月日 　　　　　　　　　　　　　　　年　　　　月　　　　日 給付基礎日額 　　　　　　　　　　　　　　　　　　　　　　　　　円

〔注意〕
1　※印欄には記載しないこと。
2　事項を選択する場合には該当する事項を○で囲むこと。
3　③の労働者の「所属事業場名称・所在地」欄には、労働者の直接所属する事業場が一括適用の取扱いを受けている場合に、労働者が直接所属する支店、工事現場等を記載すること。
4　⑦には、平均賃金の算定基礎期間中に業務外の傷病の療養のため休業した期間が含まれている場合に、当該平均賃金に相当する額がその期間の日数及びその期間中の賃金を業務上の傷病の療養のため休業した期間の日数及びその期間中の賃金とみなして算定した平均賃金に相当する額に満たないときは、当該みなして算定した平均賃金に相当する額を記載すること（様式第8号の別紙1に内訳を記載し添付されている場合を除く。）。
5　⑧には、負傷又は発病の日以前1年間（雇入後1年に満たない者については、雇入後の期間）に支払われた労働基準法第12条第4項の3箇月を超える期間ごとに支払われる賃金の総額を記載すること（様式第8号の別紙1に内訳を記載し添付すること。ただし、既に提出されている場合を除く。）。
6　請求人（申請人）が傷病補償年金又は複数事業労働者傷病年金を受けていた者であるときは、
　(1)　①、④及び⑥には記載する必要がないこと。
　(2)　②には、傷病補償年金又は複数事業労働者傷病年金に係る年金証書の番号を記載すること。
　(3)　事業主の証明を受ける必要がないこと。
7　請求人（申請人）が特別加入者であるときは、
　(1)　⑦には、その者の給付基礎日額を記載すること。
　(2)　⑧は記載する必要がないこと。
　(3)　④及び⑥の事項を証明することができる書類その他の資料を添えること。
　(4)　事業主の証明を受ける必要がないこと。
8　⑬については、障害補償年金、複数事業労働者障害年金又は障害特別年金の支給を受けることとなる場合において、障害補償年金、複数事業労働者障害年金又は障害特別年金の払渡しを金融機関（郵便貯金銀行の支店等を除く。）から受けることを希望する者にあっては「金融機関（郵便貯金銀行の支店等を除く。）」欄に、障害補償年金、複数事業労働者障害年金又は障害特別年金の払渡しを郵便貯金銀行の支店等又は郵便局から受けることを希望する者にあっては「郵便貯金銀行の支店等又は郵便局」欄に、それぞれ記載すること。
　なお、郵便貯金銀行の支店等又は郵便局から払渡しを受けることを希望する場合であって振込によらないときは、「預金通帳の記号番号」の欄は記載する必要がないこと。
　また、年金等の受取口座として、国に事前に登録した公金受取口座を利用する場合は、「登録している公金受取口座を利用します：□」の□にレ点を記入すること。その際、口座情報の記載や通帳の写しの添付等は必要がないこと。
9　「個人番号」の欄については、請求人（申請人）の個人番号を記載すること。
10　本件手続を社会保険労務士に委託する場合は、「請求人（申請人）の氏名」欄の下の□にレ点を記入すること。
11　⑭「その他就業先の有無」で「有」に○を付けた場合は、様式第8号の別紙3をその他就業先ごとに記載すること。その際、その他就業先ごとに様式第8号の別紙1を記載し添付すること。なお、既に他の保険給付の請求において記載している場合は、記載の必要がないこと。
12　複数事業労働者障害年金の請求は、障害補償年金の支給決定がなされた場合、遡って請求されなかったものとみなされること。
13　⑭「その他就業先の有無」欄の記載がない場合又は複数就業していない場合は、複数事業労働者障害年金の請求はないものとして取り扱うこと。
14　疾病に係る請求の場合、脳・心臓疾患、精神障害及びその他二以上の事業の業務を要因とすることが明らかな疾病以外は、障害補償年金のみで請求されることとなること。

社会保険 労務士 記載欄	作成年月日・提出代行者・事務代理者の表示	氏　　名	電話番号 （　　） －

第3章 ◆ 副業・兼業の法律と実務ポイント　　177

相談 副業と労災認定

Case 副業先の職場で労災認定された場合には、本業の職場には責任はないのでしょうか。

回答 労災認定については、原則として本業と副業とは別々に判断するとされています。その理由は、たとえば、A社の労働者がB社で危険な業務に従事し負傷したとしても、A社の使用者の指揮命令が及ばないことであり、そこまでA社の使用者に責任を負わせることは適切でないと考えられているからです。

そのため、副業先で負傷をしたケースでは、副業先で労災認定がされたとしても、原則として本業での労災認定がされるわけではありません。

ただし、本業と副業とを通算した労働時間が長時間となり、脳・心臓疾患やうつ病などの精神疾患を発病し、または悪化した場合について、それぞれの事業所では労災認定ができない場合、または本業と副業の両方の事業の業務を要因とすることが明らかな場合は、本業と副業の業務上の負荷を総合的に評価して、労災認定できるかの判断が行われます（複数業務要因災害）。

また、本業の使用者が副業での長時間労働を把握し精神的に不安定となっていることを知りながら、休日労働や時間外労働を控えるなど特別の配慮をしていなかった場合には、安全配慮義務違反として、労働者から損害賠償責任を請求される可能性があります。

副業などにより複数の会社に勤務する労働者の労働災害については、複数事業労働者の労災給付として、労働災害が発生した会社の平均賃金だけでなく、他に勤務している会社の平均賃金も合算して給付額が決定されます。

4 副業・兼業と雇用保険、社会保険について知っておこう

どちらの事業所に加入すればよいのかなどが問題になる

■ 雇用保険について

　雇用保険は、失業したときに求職中の生活費の補助として手当を支給します。また、育児、介護、高齢で雇用の継続が困難な場合に対しても収入の一部として手当を支給します。

　労働者を使用している事業は、すべて適用事業となります。そのため、適用事業の事業主は、加入要件に該当する労働者を雇用した場合には雇用保険の加入手続きをしなければなりません。ただし、常時5人未満の労働者を雇用する農林水産の個人事業は暫定任意適用事業となり、雇用保険の加入は任意となります。

　雇用保険の一般被保険者の加入は、「所定労働時間が週20時間（令和10年10月からは週10時間）以上」、かつ「継続して31日以上雇用されることが見込まれる」場合です。

■ 副業・兼業先の雇用保険に加入できるのか

　所定労働時間が20時間以上で継続して31日以上雇用の見込みがあれば加入できると思うかもしれません。しかし、雇用保険では、「同時に複数の事業主に雇用される場合には、生計を維持するのに必要な賃金を受ける雇用関係についてのみ被保険者となる」という要件があります。そのため、本業の事業場で雇用保険に加入している場合には、副業・兼業の事業場では雇用保険に加入できないということになります。

　また、本業のA社と副業・兼業のB社の両方とも週20時間以上の所定労働時間がない場合には、どちらの雇用保険にも入ることはできません。仮にA社を退職すると失業手当は支給されず、労働時間の短い

B社においても十分な収入を得ることは難しいでしょう。令和10年10月からは所定労働時間が週10時間以上の人も加入義務が生じるため、雇用保険の恩恵を受けられる人が増える見込みです。

■■雇用保険マルチジョブホルダー制度

特例的に65歳以上の複数就業者について、①各就業先の1週間の所定労働時間が20時間未満であり、②全就業先の1週間の所定労働時間が合算で20時間以上、③それぞれの雇用見込みが31日以上の場合、労働者からの申し出があれば、雇用保険を適用することが可能となります（マルチ高年齢被保険者）。ただし、労働時間を合算できるのは2社までとされ、1社当たり1週間の所定労働時間が5時間以上20時間未満である必要があります。

■■社会保険と副業・兼業について

労災保険・雇用保険の他、会社が加入する社会保険には、健康保険・介護保険と厚生年金保険があります。それぞれは別々の保険ですが、加入要件や保険料の徴収などに似た部分が多く、加入手続きなどは一体的に行われます。

社会保険の適用事業所に常時使用される者は、健康保険や厚生年金保険に強制加入となります。

また、パートやアルバイトであっても、1週の所定労働時間と1月の所定労働日数が常時雇用者の4分の3以上であれば社会保険に加入する必要があります。常時51人以上の企業もしくは、50人以下で労使合意している企業に勤める短時間労働者についても、一定の要件に該当すると社会保険に加入する必要があります。

副業・兼業先で働く場合には、事業所ごとに社会保険の加入要件に該当するかどうかを判断します。そのため、たとえ複数の事業所の労働時間を合算して要件を満たしたとしても、社会保険が適用されるわ

けではありません。

　複数の事業所で勤める者が、それぞれの事業所で加入要件に該当した場合には、どちらかの事業所の管轄年金事務所と医療保険者を選択する必要があります。選択する際には、「健康保険・厚生年金保険被保険者所属選択・二以上事業所勤務届」を提出します。提出先は、選択した事業所を管轄する年金事務所となります。標準報酬月額や保険料は、選択した年金事務所などで複数の事業所の報酬月額を合算して決定します。それぞれの事業所の事業主は、被保険者に支払う報酬額により按分した保険料を天引きし、選択した年金事務所などに納付します。具体的には、Ａ社の報酬が15万円、Ｂ社の報酬が10万円であった場合には、選択した年金事務所で25万円の標準報酬月額を決定します。

　保険料が仮に77,000円とすると、Ａ社は77,000×15/25=46,200円、Ｂ社は77,000×10/25=30,800円を労使折半でそれぞれ負担し、選択した年金事務所などに納付します。

■ 副業・兼業と雇用保険の問題点

ケース①

| 労働者 | 事業主Ａ 30時間 | 事業主Ｂ 10時間 |

⇒本業である事業主Ａで雇用保険に加入できる

ケース②

| 労働者 | 事業主Ａ 15時間 | 事業主Ｂ 10時間 |

⇒どちらも週の所定労働時間が20時間未満のため雇用保険に加入できない

※ケース②の場合、労働者が65歳以上であれば、申し出ることで特例で雇用保険に加入できるようになる

書式 健康保険・厚生年金保険 被保険者所属選択・二以上事業所勤務届

様式コード 2 3 1 1 0

健康保険 厚生年金保険 被保険者 所属選択 二以上事業所勤務届

被保険者氏名	（フリガナ）アオヤマ ミノリ （氏）青山 （名）みのり	生年月日 昭和 平成 令和 ○ 0 2 0 9 1 6	個人番号（または基礎年金番号） 2 1 1 1 3 2 2 2 1 2 3 4 5

	被保険者整理記号	事業所名称	事業所所在地	基金番号	被保険者資格取得年月日	報酬月額		
選択事業所	12 いろは	株式会社 緑商会	東京都品川区五反田1-2-3	基金	令和 2 年 4 月 1 日	通貨による額 150,000円	現物による額 0円	合計 150,000円 健
非選択事業所	01 イロハ	東西ソフトウェア株式会社	東京都大田区蒲田1-2-3	基金	令和 6 年 10 月 1 日	通貨による額 100,000円	現物による額 0円	合計 100,000円 厚
	15			基金	令和 年 月 日			合計 円 千円

※ 厚生年金基金に加入の場合にその名称及び番号

被保険者
住所 東京都大田区石川台町2-5-1
氏名 青山 みのり
電話番号 03-2552-3456

令和 7 年 10 月 6 日提出
受付日付印

第4章
高年齢者雇用の法律と実務ポイント

1 継続雇用制度について知っておこう

再雇用制度の導入も可能である

■■ 継続雇用制度とは

　すべての企業は、定年制を廃止するか、あるいは定年を65歳以上とするのでなければ、継続雇用制度を導入する必要があります。「令和6年高年齢者の雇用状況」によると、99.9％の企業が高年齢者の雇用確保措置を実施しています。実施内容の内訳として、定年を廃止している企業は3.9％、65歳以上へ定年を引き上げている企業は28.7％、継続雇用制度を導入し、65歳まで希望者を雇用している企業は67.4％となっています。最も実施している割合が高い雇用確保措置が継続雇用制度です。継続雇用制度とは、60歳となった労働者を再雇用する形で働いてもらうか、60歳となっても引き続き勤務してもらう制度です。

　なお、継続雇用制度の具体的な内容まで法律や規則で定められているというわけではなく、65歳まで雇用する形態については法令に違反しない範囲で、各企業で自由に定めることができます。そのため、労働条件の引下げがまったく認められないというわけでありません。たとえば、「57歳以降は労働条件を一定の範囲で引き下げた上で65歳まで雇用する」という制度も継続雇用制度の形態として認められます。

■■ どんな種類があるのか

　雇用継続制度には、再雇用制度と勤務延長制度の2つがあります。

・**再雇用制度**

　再雇用制度とは、定年になった労働者を退職させて、その後にもう一度雇用する制度です。正社員として雇用することもできますし、パートタイマーや嘱託社員として雇用することもできます。再雇用を

行う場合には、通常は労働契約の期間を1年間として、1年ごとに労働契約を更新していきます。

・勤務延長制度

勤務延長制度とは、定年になった労働者を退職させず、引き続き雇用する制度です。元の雇用契約を消滅させることなく、雇用契約が継続されます。再雇用制度と勤務延長制度とは、定年に達した労働者を雇用するという点では共通しています。再雇用制度は、雇用契約をいったん解消してから労働者と改めて雇用契約を締結するのに対して、勤務延長制度では元の雇用契約が引き継がれるという点に、両者の違いがあります。

また、勤務延長制度と同じような制度に、定年年齢の引上げがあります。60歳定年の勤務延長制度のある企業では、労働者は一度、60歳になった時点で定年退職を希望することも可能です。退職を希望しない場合、勤務延長制度を利用することができます。一方で、65歳以上に定年の引上げを行った企業は、定年になるまで自己都合退職以外を選択することはできません。

■ 希望者全員を対象としなければならないのか

継続雇用制度を導入する場合には、希望者全員を対象としなければなりません。しかし、高年齢者雇用確保措置の実施及び運用に関する

■ 再雇用制度と勤務延長制度の違い

再雇用制度	勤務延長制度
・労働条件の変更が可能で、賃金水準を低くできる。 ・極端に賃金を引き下げると法に抵触する可能性がある。 ・労働者の勤労意欲が低下しやすい。	・労働条件の変更は難しい。 ・労働者の勤労意欲を維持しやすい。

指針による例外に該当する場合は、65歳までの継続雇用の対象外とすることができます。なお、高年齢者雇用安定法が改正される平成25年4月1日前から定められた労使協定による継続雇用の対象外措置が設けられていましたが、当該措置は令和7年3月31日に終了しています。

・指針で運用が定められている

　高年齢者雇用確保措置の実施及び運用に関する指針によると、心身の故障のために業務を遂行できないと認められる者、勤務状況が著しく悪く従業員としての職責を果たし得ない者といった、就業規則に定める解雇事由や退職事由に該当する者については、継続雇用をしないことが可能です。ただし、これらに該当する者が当然に継続雇用の対象から外れるわけではなく、あらかじめ、解雇事由や退職事由に該当する場合は除外するということを就業規則などに規定しておく必要があることに注意しなければなりません。

再雇用や勤務延長制度を導入する際の具体的な流れ

　就業規則等の作成・変更、労働条件決定などの順で進めます。
　再雇用制度の導入について決まった形式があるわけではありません。たとえば、就業規則に再雇用制度の内容を盛り込んだ場合には、労働基準監督署長に就業規則の変更を届け出る必要があります。また、労働協約を用いて再雇用制度を導入することも可能です。労働者と企業

■ 継続雇用制度の対象者

原　則	例　外
継続雇用を希望する従業員すべてが対象	心身の故障のため業務に堪えられない、勤務状況が著しく不良で引き続き従業員としての職責を果たし得ない等など、就業規則に規定された解雇事由又は退職事由に該当する場合には、継続雇用制度の対象外とすることが可能

とが定年後に雇用契約を締結するというシステムを導入することが、再雇用制度導入の手続になります。勤務延長制度の導入についても就業規則に勤務延長制度の内容を盛り込むことができます。再雇用制度と同様に、労働協約を用いて勤務延長制度を導入することも可能です。個々の労働契約でも、勤務期間を延長することを契約の内容とします。

■■ 労働者の待遇の決定

再雇用制度では、定年後の雇用形態、賃金などを労働者との間で決めることができます。勤務延長制度では、原則として定年前の雇用形態や賃金などはそのまま引き継ぎます。しかし、それでは企業の人件費負担が大きくなるため、たとえば、50～55歳頃の昇給額を抑えて賃金上昇カーブを下方修正することなども検討が必要でしょう。

なお、事業主が合理的な範囲で労働者に定年後の労働条件（賃金、雇用形態など）を提示したのであれば、労働者とその労働条件などについて合意が得られず、結果的に労働者が継続雇用を拒否したとしても、高年齢者雇用安定法違反となりません。

■■ 具体的には通知を行うことから手続きが始まる

継続雇用制度では、定年を迎えた労働者のうち希望する者全員を対象としなければなりません。従業員は定年後の生活設計を考えなければならないので、定年の1年前には企業の方から労働者の意向を確認するようにしましょう。その際には、継続雇用制度を利用できる条件や、継続雇用制度を利用した場合の労働条件を従業員に伝えます。その後、一定の期限を区切って、労働者から継続雇用制度の利用の受付を行います。期限までに申出がなかった労働者については、継続雇用制度を利用する意思がないとみなします。雇用継続制度を利用する意向を表明した労働者につき、条件を満たしているかの審査を行い、条件を満たしているのであれば労働者が定年を迎える日に新たな辞令を

出します。なお、継続雇用する労働者を限定する基準を適用できる経過措置は令和7年3月31日で終了しているため、原則通り希望者全員を継続雇用の対象とする必要がありますので、注意が必要です。

■■ 事務手続上の例外

　企業は、原則として、定年になった労働者を雇用し続ける必要がありますが、定年となった翌日から雇用しなければならないというわけではありません。事務手続上の理由がある場合には、労働者が定年となった後にしばらく雇用していない期間が生じてしまったとしても、それが違法となるわけではありません。

　たとえば、身辺整理や健康診断のための期間が必要になるために、定年になってから2週間後に再び雇用する制度にしたとしても、違法とはなりません。ただし、合理的な理由なく会社の一方的な都合のみで、長期間雇用の空白期間を生じさせることは許されません。

■ 継続雇用制度導入の手続きの流れ

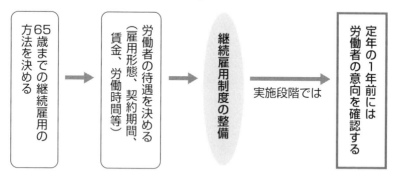

2 さまざまなタイプの再雇用制度がある

在宅勤務とすることも可能である

■ 再雇用制度とは

　厚生労働省が公表している「令和４年就労条件総合調査報告」によると、定年制がある企業では、継続雇用制度として再雇用制度を導入している企業が８割を超えています。再雇用制度とは、定年に達した労働者を退職させた後、新たに雇用契約を締結して雇用関係を継続させることをいいます。再雇用制度では、契約期間を定めて雇用契約を更新していく形態をとることが多いので、労働者の健康状態や気力などを考慮しながら雇用調整を行うことができます。また、嘱託社員やパートタイマーとして再雇用することも可能なので、定年前とは異なる労働条件で労働契約を締結することもできます。再雇用制度は「継続雇用制度」として実施されるので、その対象になる労働者は、原則として、定年に達した65歳未満の労働者のうち、再雇用を希望する者のすべてです。

■ 契約期間や業務内容、労働条件について

　再雇用した場合の契約期間について、高年齢者雇用安定法は特段の定めを設けていません。一般的に１年間を契約期間として、１年ごとに契約を更新していきます。採用時は「まだまだ働ける」と考えている高年齢者も、仕事を続けるにつれて、突然体力の衰えを感じる場合や、新たに別の場所で第二の人生を望む場合が少なくありません。そのため、複数年契約よりは区切りの良い１年契約を採用するのが一般的です。なお、１年を超えて継続雇用されている労働者について、本人の職務遂行能力や健康状態を理由に契約を更新しない場合（雇止め

第４章 ◆ 高年齢者雇用の法律と実務ポイント　189

をする場合）は、契約期間の満了日の30日以上前に予告することが必要です（133ページ）。

　再雇用後の労働条件は、定年前と同じにする必要はなく、勤務時間・勤務日の短縮や賃金の引下げなどが可能です。ただし、とくに賃金の引下げはトラブルの原因になりますから、労働者と十分に話し合いをして、労働条件を決めることが求められます。

■ どんなタイプがあるのか

　「定年を迎えた高年齢者をどのような方法で再雇用するか」という点については、各企業の事情に応じて検討することになります。定年に達した高年齢者を再雇用する際に検討すべきおもな手法として、以下のものがあります。

① 　再雇用社員制度

　再雇用社員制度とは、定年によって退職した社員を再び雇用する制度のことをいいます。契約の形態としては、契約期間を定めて、期間満了時に労働契約を更新していく有期契約が一般的です。

② 　正社員進路選択制度

　高年齢者雇用安定法では、企業に対して、労働者が65歳になるまでの継続雇用を行うための制度の導入を義務づけています。

　企業としては、65歳未満の定年制を残しながら、別途雇用継続のための制度を導入することもできます。たとえば、正社員が50歳に達したときに、定年を迎えた時点で退職するか、65歳まで継続して勤務するかを選択してもらうという制度を導入することが可能です。このとき、定年を迎えた時点での退職を選択した労働者は、定年まではそれまでと同じく正社員として勤務し、賃金もそれまでと同じ基準で決めることになります。ただし、定年となった時点で退職するので、それ以降の雇用は確保されません。反対に、65歳までの継続雇用を選択した正社員は、定年までは一般の正社員と比べて若干年収が下がる可能

性がありますが、原則として、65歳までは継続して雇用してもらえるので、65歳までは収入を得ることができます。

③ 短時間勤務正社員制度

短時間勤務正社員制度とは、1日の勤務時間（労働時間）や1週間の勤務日数を正社員よりも短縮して働く制度です。賃金については、正社員と同じ基準になりますが、勤務時間に比例して減額されるのが一般的です。この制度は、一般の正社員と同じく期間の定めがない契約（無期契約）となるため、定年の引上げや定年制の廃止の措置を講じた場合になじみやすい制度だといえます。

④ フレックスタイム制の活用

フレックスタイム制とは、1日の労働時間を固定せずに、3か月以内の総労働時間の範囲内において、各労働者が毎日の労働時間を自由に決めることができる制度です。フレックスタイム制を導入できない業種が法律で決められているわけではないので、どのような職場もフレックスタイム制を導入することは可能です。各労働者が他の労働者と独立して業務を遂行している場合や、労働者個人の創造性や自主的な判断が重要となる職種などは、フレックスタイム制がなじみやすいといえます。

しかし、工場で商品を製作する仕事のように、労働者全員がそろって流れ作業で仕事をこなしていく職場や、店頭での販売業務など常に顧客に対応しなければならない職場などでは、フレックスタイム制は

■ 再雇用社員の活用の方法

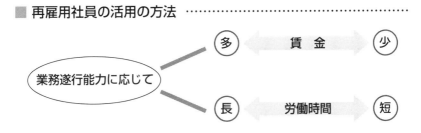

なじみにくいといえます。雇用継続制度により再雇用した労働者に対してもフレックスタイム制を利用して働いてもらう場合には、就業規則にそのことを定める必要があります。

⑤　在宅勤務制度の活用

　在宅勤務制度とは、労働者がオフィスへの出勤をせず、自宅で仕事を行う制度です。定年を迎えた労働者も、在宅勤務制度を用いることで継続雇用することができます。

　就業場所は自宅ですが、労働者との関係が雇用関係であることに変わりはなく、在宅勤務制度で働く労働者には、労働基準法が適用されます。一方、請負契約を結んで働く内職就労者などの請負就労者は、在宅勤務制度を利用する労働者に含まれません。

　なお、報酬が時間給や日給によって決められていたり、会社から与えられた機械を使って作業をしている場合も、通常は労働基準法の適用を受ける労働者にあたります。

⑥　事業場外みなし労働時間制の活用

　事業場外みなし労働時間制とは、タイムカードなどで労働時間を具体的に管理することができない労働者について、社内で働いている他の労働者と同じように、始業時刻から終業時刻まで労働したとみなす制度です（労働基準法38条の２）。

　再雇用する労働者の仕事が、自宅から直接に顧客のもとに向かって行うことができる商品販売業務などの場合、会社や事業所に出勤する必要がありません。この場合、直行直帰の勤務形態を検討することになります。直行直帰制度を利用するメリットとしては、通勤時間を考えなくてよい、従業員の自宅を拠点として営業活動を行わせることができる、といった点にあります。

　再雇用する労働者の仕事内容によっては事業場外みなし労働時間制を活用することが考えられますが、労働時間を具体的に管理できない場合の要件が厳格に審査されるので、運用する際は注意が必要です。

相談 嘱託契約

Case 嘱託は雇用ではないと思うのですが、どのような契約形態なのでしょうか。

回答 嘱託には、人に何らかの仕事を頼んで、遂行してもらうという意味があります。それまでの経験や知識、技術力を有する定年退職者に、若手社員の指南役として残ってもらいたい場合などに、再雇用した定年退職者を嘱託社員という名称で呼ぶことが多いようです。嘱託契約という言葉は法律上の用語ではないため、当事者間で合意した内容などに照らし、どの種類の契約であるのかが決まります。だいたいの場合は、雇用契約、請負契約、委任契約の3種類のうちのいずれかにあたります（下図参照）。

■ 3種類の嘱託契約

	雇用型	請負型	委任型
内容	指揮命令のもとに業務に従事した対価として報酬を受ける雇用契約	仕事の完成を約束して、その対価として報酬を支払う契約	委任者が受任者に対して法律行為を委託するもの
例	・定年退職者の再雇用 ・社員食堂の調理人 ・独身寮の賄い人	・プログラマー ・大工　・左官工	・取締役　・監査役 ・弁護士　・医師
特徴	・勤務時間が定められており、拘束性が強い ・指揮監督を受ける形で労務提供がなされている ・労務の提供に対して報酬が支払われる ・定期的に報酬の支払いがある	・仕事の完成と報酬の支払いが要件となる ・請負人に完全な独立性がある ・請け負った仕事を第三者に委託することができる ・契約不適合責任(※2)を負う	・報酬は後払いとするのが原則 ・委任者からの独立性が認められる ・善管注意義務(※1)を負う ・事務処理前後に報告義務がある

※1）その人の職業または生活状況に応じて、通常要求される程度の注意義務のこと
※2）通常の注意では発見できない隠れた欠陥がある場合に、売主（ここでは請負人）などが負うべき責任のこと

3 再雇用制度を導入する場合の注意点について知っておこう

労働関係法令に反する労働条件の設定は禁止される

■■ 再雇用契約の特徴

　再雇用制度とは、定年になった労働者を退職させた後に、もう一度雇用する制度のことです。再雇用制度を導入する場合、労働者の労働契約期間を1年間とし、1年ごとに労働契約が更新していくのが一般的です。雇用形態については、嘱託社員やパートタイマーとすることも可能であり、労働条件は定年前のものと同じでなくても、労働者に著しく不利益にならない限りは問題ありません。

　再雇用契約の手続きについては、まず、会社と労働者との間で労働契約を締結します。その際、会社から労働条件を記載した書面（労働条件通知書）を労働者に交付します。ただ、再雇用契約は労働条件が個々に設定される場合が多いため、会社から一方的に通知する労働条件通知書に加えて、会社と労働者との間の合意が確認できる雇用契約書も交わしておくと、後々のトラブルを回避できるでしょう。

　定年後に嘱託社員やパートタイマーとして雇用される場合、契約期間について法令上は特段の規定がありません。1年単位で契約を更新していくことをしても、原則として、労働者が65歳になるまで雇用を継続するのであれば問題ありません。

■■ 労働条件や処遇はどうなる

　定年に到達した労働者を再雇用する場合、賃金・勤務時間・日数などの労働条件は、会社と個々の労働者との間で話し合って決定することができます。しかし、高年齢者雇用安定法に加えて、労働基準法、労働契約法、男女雇用機会均等法など、労働関係法令の趣旨に反する

形での労働条件を設定することはできません。再雇用制度を採用する場合、定年前よりも賃金を引き下げることが多いようですが、引下げ幅があまりにも大きいと、引き下げられた賃金額が違法と判断されることがある点に注意が必要です。

■ 雇用形態や雇用期間はどうすればよいのか

再雇用制度を採用する場合、一般的には雇用期間（契約期間）を1年更新とする嘱託職員として再契約する会社が多いようです。高年齢者の雇用形態や雇用期間について、とくに法令上の規定があるわけではないため、各企業に応じた設定をすることができます。

労働契約法において「無期転換ルール」が定められており、これは同じ会社で有期契約が通算5年を超えて更新された場合に、労働者から使用者への申込みにより無期契約への変更ができるとする制度です。しかし、無期転換ルールには特例が設けられており、定年後に継続雇用される高齢者は対象外とすることができます（継続雇用の高齢者の特例）。65歳以上の労働者が増え続けた場合、無期転換ルールの適用を認めると、会社は諸問題を抱えることになるからです。ただし、継続雇用の高齢者の特例を受けるためには、都道府県労働局長の認定を受ける必要がある点に注意しましょう。

■ 賃金・賞与・退職金の見直しが必要

賃金は「労働の対価」ですので、労働者の職務の内容に応じて金額が決まります。そのため、再雇用者に対する賃金も、職務の内容などに応じて決めることになります。再雇用者の職務遂行能力が高ければ賃金も高くなり、職務遂行能力が低ければ賃金も低くなります。

給与支払いの形態には、①月給制（給与を「月額〇〇円」と定めて支払う）、②日給制（勤務1日あたりの給与が決まっていて勤務日数に応じて支払う）、③時間給制（勤務1時間あたりの給与が決まって

いて働いた時間に応じて支払額が決まる）などがあり、会社としては再雇用の形態、労働時間などを考慮して制度を作ることになります。

　さらに、退職金については、労働者が定年になった時点で支払うのか、または再雇用された場合には再雇用の期間が満了するまで退職金を会社が預かっておき、再雇用の期間が満了した時点で支払うのか、について会社側が自由に制度を設けることができます。

■■ 役職や仕事はどのように取り扱えばよいのか

　労働者を再雇用する場合に、雇用形態について高年齢者雇用安定法で規定を設けているわけではありません。再雇用された者は、いったん会社との労働契約を解消した高年齢者であることを考慮すると、役職からは離脱させることが適切だといえます。ただし、高年齢者の能力がとくに優秀であったり、後任に適当な人材がいない場合には、引き続き高年齢者に役職を継続してもらうこともあります。

　再雇用後の仕事について、再雇用をした労働者に対し、定年前とは異なる職務を担当させることは可能です。しかし、労働者は今までの経験を生かした仕事をしたいと考えていますし、今まで経験したことのある仕事の方がスムーズに進めることができます。

　そのため、再雇用をした労働者には、これまでと同じような仕事を担当してもらうのがよいでしょう。たとえば、再雇用前の分野のスペシャリストとして雇う場合や、これまでの知識や経験、ノウハウを若い労働者に伝授してもらうための教育係として雇う場合など、その再雇用をした労働者の性格や特性、特技、コミュニケーション能力を考慮した上で検討する必要があります。

■■ グループ会社での再雇用も認められる

　原則として、継続雇用は労働者が定年前まで勤務していた会社で行いますが、その会社の親会社または子会社などのグループ会社であれ

ば、そこで再雇用を行うことも認められています。

　ただし、定年前まで勤務していた会社と定年後に勤務するグループ会社との間で、継続雇用制度の対象となる高年齢者を定年後にグループ会社が引き続いて雇用することを約束する契約を結んでいることが条件になります（高年齢者雇用安定法9条2項）。そして、継続雇用される労働者の労働条件は、この契約の内容に基づき、グループ会社と個別の労働者との間で決定されることになります。

■ 勤務延長制度などと併用することもできる

　継続雇用制度を導入する際は、再雇用制度と、労働者を退職させずに雇用し続ける勤務延長制度のどちらも導入することが可能です。どちらかの制度しか導入してはいけないというわけではありませんので、両方の制度を併用し、継続勤務制度の対象となる個別の労働者に適した方を利用することも可能です。厚生労働省が公表している「令和4年就労条件総合調査報告」によると、一律定年制を定めている企業のうち、約19.8％の企業が再雇用制度と勤務延長制度を併用しています。

■ 再雇用契約を結ぶときに注意すべきこと

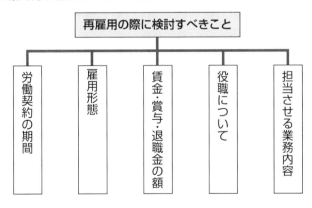

第4章 ◆ 高年齢者雇用の法律と実務ポイント　197

4 勤務延長制度導入の注意点について知っておこう

勤務延長後の労働条件を明確に伝えることが重要である

■■ どんな特徴があるのか

　勤務延長制度とは、定年制を導入している会社で、定年に達している労働者を、退職させることなく雇用し続ける制度をいいます。原則として、定年を迎えた労働者は、定年前の雇用契約をそのまま引き継いで就労することが可能です。

　勤務延長制度は、大企業ではなくむしろ中小企業で実施されているケースが多いようです。その理由として、中小企業では厳格に定年制が運用されていないことが挙げられます。また、大企業よりも中小企業の方が、労働者が定年に達しても、その労働者のポストに別の労働者を充当することが難しいのも理由のひとつです。さらに、中小企業は大企業ほど賃金体系が年功序列でないため、必ずしも高年齢者が高報酬とは限りません。このような理由から、大企業よりも中小企業の方が勤務延長制度を導入するケースが多くなっているといえます。

　勤務延長制度を導入する場合には、定年後も労働契約が継続されるという点を除いて、再雇用制度を利用した労働者と同様の労働条件にすることが可能です。ただし、賃金の引下げをする際は、トラブル防止のため、大幅な引下げは行わない方がよいでしょう。逆に、通常の正社員とまったく同じ労働条件とすることも可能です。どのような制度を利用するかについては、各企業の状況によって異なるため、自社にあった制度を作ることが求められます。

■■ 対象者はどのように決めるべきか

　雇用確保措置として勤務延長制度のみを採用する場合には、原則と

して、定年に達した労働者のうち希望者全員を雇用し続ける必要があります。なお、継続雇用する労働者を限定する基準を適用できる経過措置は令和7年3月31日で終了しているため、原則通り希望者全員を継続雇用の対象とする必要がありますので、注意が必要です。

■ 手続きや通知はどのように行うのがよいか

　定年を迎えた労働者のうち、希望者のみが勤務延長制度の対象になります。そのため、会社側としては、定年になる労働者が勤務延長制度を利用するかどうかを、定年に達する前に、労働者一人ひとりに対して意向確認を行う必要があります。

　労働者には、定年後の生活設計の検討を行う十分な期間を与えなければならないため、定年の1年前までには、労働者の意向を確認しておくとよいでしょう。その際には、勤務延長制度を利用した場合の労働条件についても明確に労働者へ伝えることが必要です。

　その後、一定の期限を区切って、労働者から勤務延長制度利用の受付を行います。労働者による勤務延長制度利用の申出や、会社から労働者への審査結果の通知は、口頭でも書面でも行うことが可能です。しかし、後からトラブルが発生するのを防止する観点からすれば、できる限り書面を利用すべきでしょう。また、勤務延長時に賃金や勤務時間・日数などの労働条件が変更される場合は、あらかじめ新しい労働条件が記載された書面を労働者に交付します。労働者が定年後を考えて動き出す時間を与えるため、できるだけ早く手続きを開始し、勤務延長制度の利用の可否を通知するようにしましょう。

■ どのような雇用形態で勤務させるのがよいか

　勤務延長の場合においても、再雇用の場合と同様に、継続雇用する労働者に対し、どのような雇用形態で働いてもらうか、という問題が生じます（195ページ）。

労働者の雇用形態としては、正社員・嘱託社員・契約社員・パートタイマーなどがあります。定年に達した労働者をどのような雇用形態で雇用するかは、原則として、企業側が決定することができます。

　勤務延長制度により継続雇用する労働者は、いったんは定年に達した者です。労働者がどの程度働いてくれるか、定年の時点では判断が難しいケースもありますし、体力的な面から長期の契約を望まない労働者もいます。そのため、雇用形態は、嘱託社員や契約社員などの有期労働契約を選択するのがよいでしょう。勤務延長制度により継続雇用する労働者に従事させる業務内容についても、原則として、企業が担当業務の内容を決めることになります。

　定年に達した労働者が従事する業務の候補は、その労働者が定年前まで従事していた業務と、その労働者が経験したことのないまったく新しい業務の2種類に分類されます。労働者側は、それまでの経験や能力を活かした仕事を望む場合が多いようです。企業側も、労働者に新しく業務のノウハウを吸収してもらうよりは、経験や能力を活かして仕事をしてもらった方が効率的で好都合だといえます。

　そのため、定年に達した労働者には、定年前に従事していた業務かそれに類似した業務を割り振ることが適切だといえます。

■■ 給与・賞与・退職金はどうすべきか

　労働者に支払う給与（賃金）の見直しが必要となる点も、再雇用の場合と同様です。給与は労働の対価として支払われますので、職務の内容によって給与の額は変動します。これは、定年後に雇用している労働者についても変わりはありません。

　定年後も定年前と同じような職務や職責につく場合は、定年前と同程度の給与水準とすべきでしょう。反対に、定年後に比較的容易な職務に就く場合や役職を降りた場合などは、給与の引下げが可能です。

　賞与（ボーナス）については、①一般の労働者（定年前の正社員な

ど）と同じ水準で支給する、②一般の労働者よりも少ない水準で支給する、③支給しないといった3つの選択肢があります。どの選択肢をとるかについては、各企業が自由に決めることができますが、①または②を選択した場合は、就業規則などで明確に定めておくことが必要です。

退職金（退職手当）については、定年になった時点で支払うことも可能ですし、定年後の継続雇用や再雇用が終了した後、最終的に退職する時点で支払うことも可能です。

退職金をどの時点で支払うかについても、企業側で決めることができますが、就業規則などで明確に定めておく必要があります。退職金に関する事項は、上記の賞与に関する事項と同様に、就業規則の相対的必要記載事項（その制度を導入する場合は、就業規則に必ず記載することが必要な事項のこと）に該当するからです。なお、退職金規程として、本則の就業規則とは別にして作成することも可能です。

■ 勤務延長制度で注意すべきこと

勤務延長制度

原則、定年前の労働条件（賃金など）は変わらない

場合によって、・再雇用制度と併用する
　　　　　　　・職務遂行能力によって、賃金などを下げる

第4章 ◆ 高年齢者雇用の法律と実務ポイント　201

5 再雇用制度・嘱託雇用を実施するための書式

必要な事項をきちんと定めておく

■■ 再雇用制度や嘱託とはどんな制度なのか

　嘱託社員用の規程と雇用契約書を作成するときのポイントを確認しておきましょう。

① **再雇用制度実施規程**（次ページ）

　再雇用制度の取扱いについて定める社内規程です。定年退職者を嘱託契約で雇用する場合、年齢や体力などを考えて期間を定めて契約するのが通常です。契約は、半年または1年間の有期契約とし、満65歳までは本人と会社の状況を見て更新を繰り返すのが一般的です。仕事内容については、いったん定年退職した場合、退職前の職務に引き続き就くとは限りません。再雇用の際には、どのような職務に従事するかを規程で明確にしておきます。就業時間については、本人と相談の上、個別の契約で週休3日制にしたり、出勤・退勤時間をずらすなどの対応をすることも考えられます。

② **嘱託社員雇用契約書**（204ページ）

　書式は、定年退職した従業員を嘱託として改めて再雇用する際に使用する嘱託社員雇用契約書です。嘱託社員であっても、原則として労働基準法の適用があるので、定める条項については通常の労働契約と大きな違いはありません。ただ、雇用形態がそれまでと大きく変わるので、業務内容、報酬を含めた雇用条件に関しては明確にしておくべきです。とくに、嘱託社員の賃金は、正社員と比べると低くなることがあるため、嘱託社員がより条件のよい他社で働くことを望む可能性はあります。そのため、他の会社などに転職する場合も想定して解約の規程を定めておく必要があるでしょう。

書式　再雇用制度実施規程

再雇用制度実施規程

第1条（制度内容）社員のうち、満60歳で定年退職し、かつ継続して勤務を希望した者は、特別従業員または嘱託として再雇用する。

第2条（身分）本制度の適用を受ける者の身分は、特別従業員は役職に任じ、嘱託は原則として役職に任じることはしないが、何らかの理由により会社が必要と認めたときに役職を委嘱することがある。

第3条（雇用契約期間）雇用期間は1年として、必要に応じて1年毎の更新とする。但し、満65歳を更新の上限とする。

第4条（職務）再雇用後に社員が配置される職場や職務については、原則、定年前の職場及び職務とする。ただし、社員から意見聴取をした上で、さまざまな事情を勘案した上で決定することがある。

第5条（解雇条項）雇用契約期間中でも、会社は就業規則の解雇の規定に該当する者を解雇し、雇用契約を解除することができるものとする。

第6条（解雇予告）懲戒解雇になったときなどの解雇の予告が必要でない場合を除き、契約期間中に解雇するときは、30日前までに予告するか、または30日分の平均賃金を支払って、即時に契約を解除するものとする。

第7条（給与）再雇用の期間中の給与は、次の定めによる。
　①　基本給は再雇用までの就業経験、能力開発の実績を踏まえて取扱いを検討し、決定するものとする。
　②　昇給は原則として行わない。但し、契約更新のときに諸般の実情を勘案して、見直しをすることがある。

第8条（退職金）再雇用される社員の退職金は、満60歳の定年退職の時点で支給する。したがって、再雇用後に退職しても、退職金は支給しない。

第9条（就業時間）再雇用を希望する社員から意見聴取をした上で決定する。

第10条（有給休暇）再雇用社員の有給休暇は、定年退職のときの残日数を引継ぐものとする。

第11条（その他の労働条件）その他の労働条件については、当社の就業規則を準用する。

附　　則

この規程は令和7年2月1日に制定し、同日実施する。

書式　嘱託契約書

嘱託社員雇用契約書

○○株式会社（以下「甲」という）と○○（以下「乙」という）とは、次のとおり嘱託社員雇用契約（以下「本契約」という）を締結する。

第1条（契約の成立）甲は乙に対し、嘱託社員として雇用することを約し、乙は甲に対し、甲の指揮命令に従い誠実に勤務することを約した。

第2条（契約期間）本契約の期間は、令和○年○月○日から令和○年○月○日までの1年間とする。

2　本契約期間満了の日において、乙が引き続き勤務することを希望し、嘱託社員就業規則の不更新条件に該当しない場合は、契約は更新される。ただし、乙が満65歳に達した日の属する月の末日を越えて本契約の更新をすることはできない。

3　本契約期間中に、乙が他の会社等に再就職することが決定した場合には、乙は速やかに甲に報告をしなければならず、その場合、乙が再就職する前日に本契約を解約することに甲乙合意する。

4　本契約期間中であっても、乙は、所定の申出書により1か月前に甲に申し出ることにより、自己の都合を理由に退職することを妨げられない。

第3条（勤務場所及び業務内容）乙の勤務場所及び業務内容は、次のとおりとする。

①　勤務場所：甲の東京西部地区営業所（東京都○○市○○町○丁目○番）
②　業務内容：仕入管理、販売管理その他

2　業務の都合等により、本契約期間中であっても、甲の定める勤務場所、業務内容に変更されることがある。

第4条（就業時間及び休日）乙の就業時間等及び休日は、次のとおりとする。

①　就業時間：午前9時から午後5時まで（内休憩時間1時間、実働7時間）
②　休　　日：土・日曜日、国民の祝日、国民の休日、年末年始（12月29日から1月3日まで）

第5条（基本条件）乙の嘱託給その他の基本条件は、次のとおりとする。
　① 　嘱託給　　：月額金〇〇円
　② 　通勤手当：実費を全額支給する。
　③ 　賃金締切：毎月末日
　④ 　支払方法：翌月25日（金融機関が休日に当たるときはその前日の営業日）に、乙の指定する口座に現金で振り込み支払う。
　⑤ 　有給休暇：年20日
　⑥ 　昇　　給：なし
　⑦ 　賞　　与：支給しない。
　⑧ 　退職金　　：支給しない。
第6条（時間外勤務及び休日勤務）甲は乙に対して、原則として、時間外勤務及び休日勤務を命令しない。
2 　前項にかかわらず、甲は乙に対し、業務の都合上をやむを得ない場合に限り、乙に対し時間外勤務及び休日勤務をさせることがある。その場合、甲は乙に対して、嘱託社員就業規則に従い時間外勤務手当又は休日勤務手当を支払う。
第7条（退職・解雇）甲の定める嘱託社員就業規則のとおりとする。
第8条（損害賠償）乙は、本契約期間中、故意又は重大な過失により、甲に対し損害を与えた場合は、賠償責任を負わなければならない。
第9条（就業規則）乙は、本契約に従う他、甲の定める嘱託社員就業規則その他諸規程を遵守しなければならない。

　本契約の成立を証するため、本書2通を作成し、甲乙記名押印の上、各1通を保有する。

　　令和〇年〇月〇日
　　　　　　　　　　　　（甲）東京都〇〇区××〇丁目〇番〇号
　　　　　　　　　　　　　　　〇〇株式会社
　　　　　　　　　　　　　　　代表取締役　　〇〇〇〇　㊞
　　　　　　　　　　　　（乙）東京都〇〇区××〇丁目〇番〇号
　　　　　　　　　　　　　　　　　　　　　　〇〇〇〇　㊞

6 嘱託社員用の就業規則を作成する

今後は嘱託社員の重要性が増してくる

■■ 高齢者雇用の整備には欠かせない

　嘱託社員規程とは、嘱託社員の取扱いについて定めた社内規程です。継続雇用制度のひとつとして考えられる再雇用制度とは、定年退職した労働者を再び雇用する制度です。そして、再雇用した労働者を「嘱託社員」と呼ぶことが多いようです。今後は嘱託社員の増加が見込まれるため、「嘱託社員規程」などの嘱託社員用の就業規則も重要性が増すことが考えられます。嘱託社員用の就業規則には、正社員との違いを考慮した上で、契約期間、年次有給休暇、賃金などの取扱いを定めるとよいでしょう。

　まず、契約期間については、満60歳以上の労働者は、5年以内の契約期間を定める労働契約を締結することができます（労働基準法14条1項2号）。ただし、定年後は気力や体力の変動から、1年単位での契約を望む高齢者も多くいます。そのため、嘱託社員については1年契約で更新していくことが多いようです。

　年次有給休暇については、正社員として勤務していた労働者を嘱託社員として再雇用する場合でも、実質的には雇用関係は「継続」していたと考えられます。そのため、年次有給休暇については勤続年数を通算して処理します。ただし、再雇用後に所定労働日が少なくなった場合は、年次有給休暇は比例付与となります。

　賃金については、嘱託社員契約は新たな契約のため、従前と同一賃金にする必要はありませんが、著しく不合理な減額は違法となる余地があります。場合によっては、厚生年金保険の支給額との調整も必要です。

書式　嘱託社員規程

嘱託社員規程

第1章　総　則

第1条（目的）　この規程は、○○株式会社（以下、「会社」という）に勤務する嘱託社員の雇用およびその就業に関する取扱いを定めたものである。

2　この規則に定めのないことについては、労働基準法その他の法令および個別の嘱託雇用契約に定めるところによる。

第2条（嘱託の定義）　この規程で嘱託社員とは、定年退職後に継続雇用制度の対象者として再雇用された者をいう。

第3条（規則遵守義務）　嘱託社員はこの規程を遵守し、他の従業員と協調し、相協力して社業の発展に努めなければならない。

第2章　人　事

第4条（再雇用契約）　嘱託社員として継続雇用勤務を希望する者は、定年退職日の2か月前までに、会社に申し出るものとする。

2　会社は、申出に基づく面接を行い、再雇用の際の就業条件を協議し、採用する場合には雇入通知書を交付する。

第5条（雇用期間）　嘱託社員の労働契約の期間（雇用期間）については、1年以内の雇用期間を定めることとする。

2　継続雇用の上限年齢は、満65歳とする。

3　前項の規定にかかわらず、次のいずれかに該当する場合は、契約期間の満了日をもって労働契約を終了することがある。

　① 業務を遂行する能力が十分ではないと認められるとき
　② 職務命令に対する違反行為を行ったとき
　③ 無断欠勤をしたこと
　④ 勤務成績が不良であること
　⑤ 事業縮小が必要であるとき

4　第1項の規定にかかわらず、会社は、正社員の就業規則第○条に基づき懲戒事由に該当することを理由として、嘱託社員を解雇する

ことがある。
5 　会社は契約の更新をしない場合は、30日前までにその旨を本人に予告する。
6 　前項の契約の更新をしない予告をした場合、本人が更新しない理由について証明書を請求したときは、会社は遅滞なく証明書を交付する。
7 　契約の更新をしなかった場合も前項と同様に、本人の請求により更新しなかった理由について証明書を交付する。

第6条（**勤務場所および職種**）　嘱託社員は、原則として定年時の勤務場所および職種で勤務するものとする。
2 　業務の必要性がある場合は、他の勤務場所および職種へ異動させることがある。この場合、当該嘱託社員は、正当な理由なく命令を拒否できない。

第7条（**退職**）　嘱託社員が次の各号のいずれかに該当するに至ったときは退職とする。
① 　嘱託雇用契約の期間が満了し、契約の更新をしないとき
② 　死亡したとき
③ 　退職願を提出し会社が承認したとき
④ 　その他前各号に準ずるやむを得ない事情があるとき

第8条（**自己都合退職の手続**）　嘱託社員が自己の都合により退職しようとするときは、少なくとも退職予定日1か月前までに退職願を提出し、会社の承認を受けなければならない。

第9条（**解雇**）　嘱託社員が次の各号のいずれかに該当するときは、解雇する。
① 　精神または身体の故障により、業務に耐えられないと認められたとき
② 　天災地変、その他やむを得ない事由により、事業の縮小、廃止その他事業の継続が不可能となったとき
③ 　業務上の指示命令に従わないとき
④ 　その他前各号に準ずるやむを得ない事情があるとき

第10条（**解雇の予告**）　前条および第5条第4項の規定による嘱託社員の解雇は、30日前の解雇予告、あるいは平均賃金の30日分の解雇

予告手当を支払った上で行う。
2　予告の日数は、1日について平均賃金を支払った場合は、その日数を短縮する。

第3章　服務規律
第11条（服務規律）　服務規律は、正社員の就業規則を準用する。

第4章　労働時間、休憩および休日
第12条（就業時間、休憩および休日）　就業時間、休憩時間および休日については、正社員の就業規則に準じて、個別の嘱託契約で定める。
2　業務上必要がある場合には、前項で定める休日を他の労働日と振り替えることがある。
第13条（時間外、休日および深夜勤務）　業務の都合により、所定時間外、休日および深夜に勤務させることがある。
2　前項の労働は、労使協定で定めた時間を限度とする。
第14条（年次有給休暇）　年次有給休暇については、労働基準法の定めるところによる。
2　年次有給休暇の取扱いについては、正社員の就業規則を準用する。
第15条（年次有給休暇以外の休暇等）　嘱託社員の年次有給休暇以外の休暇等は、正社員の就業規則を準用する。

第5章　賃　金
第16条（賃金構成）　嘱託社員の賃金は、基本給および各種手当から構成する。
2　基本給は時間給もしくは日給とし、その金額は、本人の職務、能力および経験等を考慮して個別の嘱託契約で定める。
3　賃金の締切日および支給日については、正社員の就業規則を準用する。
第17条（各種手当）　各種手当の支給は、原則として正社員に準ずるものとする。
第18条（昇給）　昇給は原則として行わない。ただし、会社は、嘱託契約を更新する際、その勤務成績等を考慮して、昇給させることがある。

第19条（賞与）　嘱託社員に対しては、原則として賞与は支給しない。

第20条（退職金）　嘱託社員に対しては、原則として退職金は支給しない。ただし、会社に対してとくに功労のあった者については、退職慰労金として支給することがある。

第21条（賃金の控除）　賃金の支払に際して、源泉所得税、社会保険料など、法令に定められた金額を控除する。

第6章　福利厚生

第22条（福利厚生）　会社は、福利厚生施設の利用および行事への参加については、正社員に準ずるように配慮する。

第23条（社会保険等）　会社は、嘱託社員の労働条件が常態として社会保険および雇用保険の加入要件に該当した場合は、所定の加入手続きをとらなければならない。

第7章　安全衛生および災害補償

第24条（安全衛生および災害補償）　安全衛生および災害補償については、正社員の就業規則を準用する。

第8章　表彰および懲戒

第25条（表彰および懲戒）　表彰および懲戒については、正社員の就業規則を準用する。

附　　則
1　この規程を変更または廃止する場合は、取締役会の承認を必要とする。
2　この規程は令和○年7月1日に制定し、同日実施する。
3　この規程は令和○年10月1日から改正し、同日実施する。
4　この規程の主管者は総務部門長とする。

（制定記録）
制定　令和○年7月1日
改正　令和○年10月1日

第5章
労働者派遣の法律と実務ポイント

1 派遣契約の特徴と適用される法律を知っておこう

労働法が適用されるのは派遣先か派遣元かに着目する

■■ 労働者派遣とは

　労働者派遣とは、派遣会社（派遣元）との間で雇用契約を結ぶ派遣社員（派遣労働者）が、別の会社（派遣先）で業務の指示を受けながら働く雇用形態をいいます。通常の雇用形態とは異なり、労働者が雇用契約を結ぶ会社と、実際の指示の下、業務を行う会社が分かれていることが、労働者派遣の大きな特徴です。

　総務省統計局が行った「労働力調査」令和6年8月分によれば、役員を除く雇用者数5786万人のうち、非正規労働者数は2127万人にのぼります。このうち派遣社員数は148万人です。

　とくに女性の非正規労働者が増えており、その理由として「自分の都合の良い時間に働きたい」が最も多くなっています。正規労働者との待遇格差が取りざたされる一方で、ワーク・ライフ・バランス（仕事とプライベートの両立）を目的に、派遣社員などの非正規労働者を選ぶ人が増えているといえるでしょう。

　平成27年（2015年）10月の労働者派遣法改正で、届出で済んでいた特定労働者派遣事業が廃止され、すべての労働者派遣事業が許可制になり、派遣事業の適正な運営がより厳しく求められています。また、派遣期間の上限がすべての業務（業種）で統一され、期間制限の対象外とされていた業務（専門26業務）にも上限が設けられました。つまり、派遣労働者の同じ部署での継続勤務期限、同じ事業所での継続勤務期限がともに3年に統一されています（223ページ）。その他、賃金水準、教育訓練、福利厚生などの派遣労働者の待遇格差を改善するため、派遣会社（派遣元）と派遣先が連携した配慮することが義務づけられています。

■ 労働者派遣にはどんな法律が関わるのか

　国内で働くすべての労働者には労働基準法が適用されます。労働者派遣の場合も、派遣労働者（派遣社員）に対しては、労働基準法による労働時間、休日、賃金など、派遣会社（派遣元）・派遣先が守るべき労働者の最低基準が適用されます。

　その上で、派遣労働者、派遣会社、派遣先に対しては、労働者派遣法（労働者派遣事業の適正な運営の確保及び派遣労働者の保護等に関する法律）が適用されます。労働者派遣法は、派遣労働者の権利を守るための法律で、派遣会社（派遣元）・派遣先に対して、労働基準法で保護することができない労働者派遣特有のルールが、詳細にわたり定められています。

　その他、労働契約の締結・変更・終了などのルールを定めている労働契約法も重要です。労働派遣法には有期労働契約から無期労働契約への転換義務（無期転換ルール）が定められており、派遣会社（派遣労働者を雇用する会社）にも適用されます。

　また、賃金について派遣労働者の最低賃金額は、最低賃金法の定めにより、派遣先の事業場に適用される最低賃金額が適用されます。

　このように派遣労働者に対しては、正規労働者（正社員）と均等な待遇の下で業務に従事できるよう、育児・介護休業法、男女雇用機会均等法など、他にもさまざまな法律が適用されます。

■ 労働者派遣とは

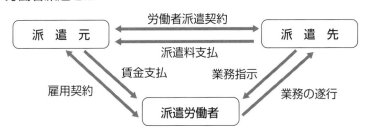

2 派遣元に課せられる規制について知っておこう

派遣労働者の安定した雇用を守るための規制

■■ 派遣会社はどんな点に注意しなければならないのか

　派遣会社（派遣元）には、雇用契約を締結する派遣労働者（派遣社員）が安心して働けるよう、派遣先の業務内容を適切に把握し、派遣労働者の雇用の安定を図るための措置（雇用安定措置）を講じる義務があります。派遣労働者が3年間派遣されると見込まれる場合は法的義務、派遣期間が1年以上の場合は努力義務（遵守が望ましいですが、遵守しなくても制裁などが課されない義務）です。
・派遣先に対して派遣労働者の直接雇用を依頼する
・派遣労働者に対して新たな派遣先の場を提供する
・派遣会社が派遣労働者を無期雇用派遣として雇う
・その他雇用の安定を図るための必要な措置

　派遣先での就業日数・時間に応じて、雇用保険や社会保険に加入させる義務もあります。たとえば、派遣労働者が失業した場合、派遣会社が雇用保険に加入させていなければ、その派遣労働者に失業手当が支給されないというリスクがあるためです。一方、労災保険は就業日数・時間に関係なく加入させる義務があります。

　派遣会社には、派遣労働者のキャリアアップを図るため、段階的かつ体系的な教育訓練の計画・実施の他に、希望者に対するキャリア・コンサルティングが義務づけられています。その他、派遣会社は派遣労働者に対するキャリア相談に応じる義務もあります。

■■ 派遣元責任者はどんな仕事をするのか

　派遣元責任者とは、派遣事業を円滑に進めるための統括者として、

派遣会社(派遣元)が選任します。派遣会社は、選任した派遣元責任者に対し、おもに次の業務を行わせることになります。

① 派遣労働者に対しての業務
・派遣労働者として雇われることを明示(新たに雇い入れた派遣労働者に対して行う)
・派遣労働者以外として雇い入れた労働者を労働者派遣の対象にしようとする場合に、あらかじめ明確に伝え、同意を得る
・派遣先の就業条件の明示(業務内容、就業場所、組織単位、派遣期間、就業日、就業時間、休憩時間、安全衛生、苦情処理など、就業にあたり必要とされる内容を就業条件明示書に明記)
・派遣先の派遣受入期間の制限(3年)への抵触日を明示
・労働契約申込みみなし制度(225ページ)に関する事項の明示

② 派遣先に対しての業務(おもに以下の事項を通知)
・派遣労働者の氏名・性別
・派遣労働者が無期雇用であるか有期雇用であるかの別
・協定対象派遣労働者(労使協定方式)であるか否かの別
・派遣労働者が60歳以上であるか否かの別
・健康保険、厚生年金保険、雇用保険の被保険者資格取得届の提出の有無(提出のない場合はその理由)

③ 派遣業務のサポート業務
・派遣元管理台帳の作成・記録・保存
・派遣労働者に対する必要な助言・指導の実施
・派遣労働者から申出を受けた苦情の処理
・派遣労働者に対する教育訓練やキャリアコンサルティングの実施
・派遣労働者の個人情報の管理
・安全衛生や派遣先との連絡調整に関すること

■■ 日雇派遣（短期派遣）の原則禁止

　日雇派遣（短期派遣）とは、派遣元と派遣労働者との間の労働契約（雇用契約）の期間が30日以内の場合を指します。派遣先で業務をしている期間が30日を超えていても、労働契約の期間が30日以内であれば日雇い派遣にあたります。一方、労働契約の期間が30日を超えていれば、その間に派遣先で複数の短期業務を行うとしても、日雇派遣にはあたりません。そして、労働者派遣法では日雇派遣を原則禁止しています。日雇派遣は短期間の業務であるため、労働者が継続して働き続ける環境づくりが満足にできないからです。ただし、専門的な知識や技術を要する一部の業務は、例外として日雇派遣が認められています。さらに、①60歳以上の高齢者、②昼間学生のアルバイト、③年収500万円以上の人の副業としての派遣労働、④同居親族の収入で生活をする人（世帯年収500万円以上）などについても例外として日雇い派遣が認められています。①〜④に該当する者は、いずれも日雇派遣を認めることで、雇用の幅が広がると考えられるためです。

■■ グループ企業への派遣制限

　グループ企業への派遣とは、親会社への派遣目的で作られた子会社である派遣会社から、親会社への派遣を行うことです。派遣元が意図的に特定の会社に限定して労働者派遣をすることは、専ら派遣として禁止されています。子会社である派遣会社が特定の親会社への労働者派遣をするのは専ら派遣といえますが、同時に派遣労働者に安定した雇用機会を与えているともいえます。これまでは、派遣会社が親会社以外の派遣先を作るための努力を行うという条件で、グループ企業への派遣が容認されていました。

　しかし、現在では、グループ企業への派遣が制限され、親会社への労働者派遣の割合を派遣全体の8割以下にする必要があります。さらに、子会社である派遣会社は、1年に一度、親会社での派遣割合を厚

生労働大臣へ報告しなければなりません。

■ 離職した元従業員の受入れ制限

派遣会社が、A会社を離職して1年以内の者を、派遣労働者としてA会社に派遣することは禁止されています。これを派遣先の視点から見れば、離職して1年以内の元労働者を、派遣労働者として自社で働かせることが禁止されます。

離職直後の元労働者の派遣受入れを許可すると、同じ労働者を期間を空けずに正社員から派遣労働者に転換させることが可能になってしまう点から、労働者の意思に反した労働条件の低下を防ぐため、離職した元労働者の受入れに制限が設けられています。

ただし、60歳以上で定年退職した者は、離職（定年退職）後1年以内であっても、離職先での派遣労働が認められています。

もし派遣先が離職後1年以内の元労働者とは知らずに派遣労働者として働かせていることに気づいた場合は、その時点で派遣会社に知らせる義務があります。

■ 日雇派遣が許されるケース

業務内容（19種）

ソフトウェア開発	調査	研究開発
機械設計	財務処理	事業の実施体制の企画、立案
事務用機器操作	取引文書作成	書籍等の制作・編集
通訳、翻訳、速記	広告デザイン	デモンストレーション
秘書	添乗	OAインストラクション
ファイリング	受付・案内	セールスエンジニアの営業、金融商品の営業
看護師（へき地の医療機関・社会福祉施設等）			

労働者側の事情

労働者が60歳以上である	労働者が昼間学生である
副業として日雇派遣を行う場合（年収500万円以上）	労働者が主たる生計者ではない（世帯年収500万円以上）

第5章 ◆ 労働者派遣の法律と実務ポイント　217

相談　派遣労働者の待遇についての規制

Case 労働者派遣法の改正により、派遣労働者の派遣先での正規社員との間の均衡待遇や均等待遇が求められるようになったということですが、具体的にどのようなことをすべきでしょうか。

回答 派遣労働者は、派遣先の労働者と比較して、働きに見合う待遇を受けていないことが多いと言われています。そこで、平成27年（2015年）9月施行の労働者派遣法改正では、派遣元（派遣会社）に対し、派遣労働者が派遣先で同種の業務を行う労働者と同じような待遇を受けられるよう配慮する義務を課しました。

具体的には、「派遣労働者の賃金への配慮義務」として、派遣元は、派遣先で派遣労働者と同種の業務を行う労働者の賃金水準との均衡を考慮しつつ、派遣労働者の仕事の成果・意欲・経験なども考慮して、派遣労働者の賃金を決定することが義務づけられました。

さらに、派遣元は、派遣労働者と同種の業務に従事する労働者との均衡を考慮しつつ、教育訓練や福利厚生の実施その他の必要な措置を講じるように配慮することが義務づけられています。

派遣先も派遣労働者に対し、同種の業務に従事する自社の労働者と同様の教育訓練や、福利厚生施設などの利用について配慮しなければなりません。また、派遣元が派遣労働者の労働条件を決めるための資料として、派遣先は、派遣労働者と同種の業務に従事する労働者の労働条件を、派遣元に通知する必要があります。

その他、派遣元と派遣先には、派遣労働者の安全衛生を確保するための対応策も求められています。派遣元は、派遣労働者の安全衛生に関する業務の統括者を設け、派遣元責任者が必要な連絡調整を実施することを定めています。派遣先に対しても、労働者の安全衛生に関する業務の統括者を設け、派遣先責任者が必要な連絡調整を行うことを

定めています。なお、ここでの「労働者の安全衛生に関する業務の統括者」は、総括安全衛生管理者、安全管理者、衛生管理者が選任されている場合はその者をいい、それらが選任されていない小規模事業場では事業主自身のことをいいます。

●派遣労働者と正社員との同一労働同一賃金に向けて

　平成30年（2018年）の働き方改革関連法に伴う労働者派遣法改正により、派遣労働者の賃金などの待遇（基本給、賞与その他の待遇）について、前述した「派遣労働者の賃金への配慮義務」がより強化されています（令和2年4月1日施行）。詳細は「同一労働同一賃金ガイドライン」（15ページ）に示されています。派遣労働者と派遣先の通常の労働者と待遇の相違の形態は、大きく、以下の2つに分類できます。本ガイドラインでは、いかなる待遇の相違が許されないのかについて、具体例を用いて示し、改善に向けた対応を求めています。

　一つは、①派遣元は、派遣労働者の賃金などの待遇について、派遣先の通常の労働者の待遇との間で、不合理と認められる相違を設けてはならないとの規定です（均衡待遇）。不合理な待遇であるかどうかは、派遣労働者と派遣先の通常の労働者の職務の内容、職務の内容や配置の変更の範囲などの事情のうち、待遇の性質や待遇を行う目的に照らして適切と認められるものを考慮した上で判断します。

　もう一つは、②派遣元は、職務の内容が派遣先の通常の労働者と同じである派遣労働者が、派遣期間のすべてにわたり、その職務の内容・配置の変更の範囲が、派遣先の通常の労働者の職務の内容・配置の変更の範囲と同じであることが見込まれる場合は、正当な理由がないのに、通常の労働者に比べて、安い賃金しか支払われないなど、賃金格差を設定している状態は許されないという規定です（均等待遇）。

　ただし、一定の要件（同種業務の一般の労働者の平均的な賃金と同等以上の賃金であることなど）を満たす労使協定で派遣労働者の待遇を定めれば、上記①②の規定は適用しないとの例外があります。

3 派遣契約書について知っておこう

契約はできるだけ詳細に記載する

■■ 労働者派遣契約とはどのようなものか

　労働者派遣契約は、派遣元（派遣会社）と派遣先（派遣労働者の勤務先）の間で交わされる契約です。労働者派遣は、派遣労働者、派遣元、派遣先の三者が関与します。労働者が雇用契約を結ぶ会社（派遣元）と、実際に仕事の指示を受けて働く会社（派遣先）が異なるからです。そのため、労働者派遣を行う場合は、派遣元と派遣先の間で2種類の契約書を交わす必要があります。

　まず、労働者派遣を行うことに合意した時点で「基本契約書」を交わします。基本契約書は、派遣料金、損害賠償、派遣契約期間など、労働者派遣契約そのものに関する内容を記載した契約書です。

　次に、実際に労働者派遣を始める前の段階で「個別契約書」を交わします。個別契約書は、派遣人数、派遣先の所在地、業務内容など、労働者派遣が必要になった際に、その都度交わします。その後に、派遣元は、派遣労働者に対し、派遣業務の詳細を記載した「就業条件明示書」を交付します。

■■ 派遣契約書にはどんなことを定めるのか

　派遣契約書は、労働者派遣におけるさまざまなトラブルに対応できるようにするため、詳細かつ具体的に記載することが重要です。

　まず、労働者派遣契約の内容を取り決めて、合意に至ったときに交わす「基本契約書」で定める内容は、おもに以下のとおりです。
・派遣料金や損害賠償など、金銭的な事項
・トラブル対応（欠員補充、人員交代、苦情処理など）

- 秘密保持（派遣先での個人情報の取扱いなど）
- 労働環境整備（時間外労働、指揮命令形態、安全衛生など）
- 契約に関する取り決め（有効期間・契約解除・協議など）

次に、労働者派遣が実際に発生した場合に交わす「個別契約書」で定める内容は、おもに以下のとおりです。

- 派遣労働者の人数と業務内容（業務のすべてを具体的に記載）
- 派遣先名、所在地、組織単位（「○○課」まで記載）、電話番号
- 派遣労働者に直接業務の指示を行う者（部署、役職、氏名など）
- 派遣開始日と派遣期間（実際に派遣が行われる期間を記載）
- 勤務時間、時間外労働、休日（就業時間、休憩時間、就業日、時間外労働や休日労働の上限など）
- 派遣労働者の安全衛生（労働安全衛生法に基づく）
- 苦情処理（派遣元や派遣先の苦情処理担当者名、その者の部署・役職・電話番号、苦情処理の方法、連携体制の詳細について）
- 期間満了前の派遣契約解除時の取扱い（派遣労働者の新たな就業機会を確保する措置、解除予告、解除理由の明記など）
- 紹介予定派遣についての明記（紹介予定派遣内容・終了時の待遇）
- 派遣元責任者や派遣先責任者（氏名、部署、役職、電話番号）
- 派遣労働者の福利厚生など（派遣先の提供する福利厚生などの提供について記載）

派遣労働は、直接雇用とは異なり、雇用契約先と業務の指揮命令先が別の会社になるのが特徴です。上記の内容は、派遣労働者と雇用関係を結ぶ派遣元と、派遣労働者の指揮命令権を持つ派遣先が、法令に従った内容であるかを検討し、十分に話し合って取り決めます。

そして、派遣契約書の作成後も、派遣元と派遣先には派遣労働者が安心して働けるような環境づくりが求められます。派遣契約書と異なる業務の発生時や、派遣労働者からの問い合わせに対し、派遣元と派遣先は連携して対応する必要があります。

相談 派遣契約の業務の範囲

Case 派遣元が締結した労働者派遣契約に基づき、派遣された先の企業で、コピー取りやお茶入れなどの雑務を命じられました。個別契約書にこれらの事項の記載はなくても、従う必要があるのでしょうか。

回答 労働者派遣契約は、派遣元と派遣先の間で、「基本契約書」と「個別契約書」という2種類の契約書を交わすことで成立します。とくに派遣労働者が行う業務の内容については、個別契約書で定めることになりますが、中には線引きが難しい業務や、派遣先と労働者が行う判断にズレが生じ、トラブルの原因になる場合があります。

たとえば「コピー取り」や「お茶入れ」などの業務が派遣契約の内容から読み取れない場合に、行うように指示されたとしても、法律上は従う必要はありません。

派遣適用対象業務に関連する業務として必要だと認められる業務もありますが、あまりにも本来の業務から外れた業務については、派遣労働者を従事させることはできません。

また、派遣労働者が派遣先の事業者と、コピー取りやお茶入れなどの業務を行うことについて、協議を行い、合意しているからといっても、必ずしも、派遣労働者が派遣契約外の業務を行うことが許されるわけではありません。派遣労働者は派遣先の事業者の指揮・命令に従う義務を負いますが、あくまでも使用者は派遣元の事業者です。しかし、派遣先の事業者と派遣労働者が、業務内容について直接協議することで、業務の範囲を変更できるのであれば、それは派遣先の事業者が使用者と対等な地位を得たことを意味するため、さまざまなトラブルに発展する恐れがあります。そのため、業務内容に変更を加えるためには、派遣元の事業者に知らせて、原則として、個別契約書の内容を修正・変更する必要があります。

4 派遣期間の原則と例外について知っておこう

個人単位と事業所単位の派遣期間制限がある

■ 1か所で働くことができる期間は3年まで

　労働者派遣法は「個人単位」と「事業所単位」での派遣期間を制限する制度を設けています。違反をした場合は、罰則が設けられています。個人単位での期間制限とは、同じ組織（部や課など）で、同じ派遣労働者を継続して3年を超えて働かせてはいけない、ということです。派遣先が派遣労働者の働きぶりを評価し、継続勤務を希望する場合は、3年目以降は派遣元を通さず直接の雇用に切り替える、違う組織（部や課）へ異動しての派遣に変更する、無期雇用派遣に変更するなどの措置が必要です。事業所単位での期間制限とは、派遣先の同じ事業所（場所が同じなど）で、派遣労働者を継続して3年を超えて働かせてはいけない、ということです。同じ事業所での派遣労働者の受入れを希望する場合は、リミットである3年を迎える1か月前までに過半数労働組合等から意見を聴くことが必要です。異議がある場合は説明責任を果たせば、期間の延長（3年以内）が認められます。

　個人単位・事業所単位での期間制限制度は、ともに有期雇用の派遣労働者を対象とするものです。期間の定めのない無期雇用の派遣労働者は期間制限制度の対象外になります。また、以下のようなケースについても期間制限制度の対象から外れています。

・事業開始や廃止などに伴う有期業務
・1か月に10日以下（通常労働者の半分以下）の日数限定業務
・産休、育児・介護で休業する社員の代替要員
・派遣労働者が60歳以上

■■ 別の部署であれば3年の期間制限の影響は受けないのか

　個人単位の期間制限は、派遣労働者が別の部署へ異動した場合は影響を受けることはありません。総務部→経理部→総務部、というように、3年ごとに部署を変えさえすれば、再び同じ部署に戻すこともできます。さらに、3年ごとに派遣労働者を入れ替えれば、同じ部署で継続して働かせることも可能です。

　また、派遣元企業と期間の定めがない「無期雇用契約」を結んでいる派遣労働者の場合は、もともと無期雇用という安定した雇用の下で働いていることから派遣期間に制限がありません。そのため、無期雇用契約を結んでいる派遣労働者を受け入れる場合は、同じ部署でも別の部署でも3年を超えて働かせることが可能です。

■■ 派遣労働者の雇用安定措置など

　平成27年（2015年）9月施行の労働者派遣法改正で、派遣元は、同じ組織単位に継続して3年間派遣される見込みがある派遣労働者に対し、派遣労働者本人が継続して就業することを希望する場合に、次の①〜④の雇用安定措置を講じることが義務づけられました。

■ 個人単位の期間制限

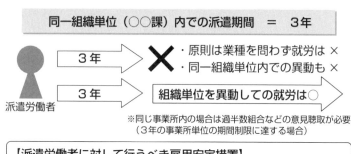

① 派遣先への直接雇用の依頼
② 新たな派遣先の提供（合理的なものに限る）
③ 派遣元での（派遣労働者以外としての）無期雇用
④ その他安定した雇用の継続を図るための措置

　ただし、①の措置を講じるも派遣先での直接雇用に至らなかった場合、派遣元は②③④のいずれかの措置を追加で講じることが必要です。

　一方、同一の組織単位に継続して1年以上3年未満派遣される見込みがある派遣労働者については、派遣労働者本人が継続して就業することを希望する場合に、派遣元が、上記①～④のいずれかの措置を講じるよう努めなければなりません。この場合の雇用安定措置は努力義務にとどめられています。

■ 労働契約申込みみなし制度とは

　平成27年（2015年）10月施行の労働者派遣法改正により、派遣先が労働者派遣法の一部の規制に違反していると知りながら、または過失によって知らずに、派遣労働者を受け入れていた場合、その派遣先は、派遣労働者に対し自動的に直接雇用の契約の申込みをしたことになる制度が導入されました。これを「労働契約申込みみなし制度」といいます。

　労働契約の申込みをしたとみなされた派遣先は、この申込みを1年間撤回することはできません。派遣労働者が、この1年の間に労働契約の申込みに対する承諾をすれば、派遣先と派遣労働者との間で労働契約が成立します。この場合、派遣労働者の労働条件は、労働契約の申込みをしたとみなされた時点の労働条件が適用されます。

　これに対し、1年の間に派遣労働者からの承諾の意思表示がなかった場合は、「労働契約申込みみなし制度」の効力がなくなります。

5 派遣先が派遣労働者を使用する際の注意点を知っておこう

就業条件明示書に定められた範囲内で指揮命令する必要がある

■■ 就業条件や業務の指示を出すときの注意点

　派遣労働者は派遣元（派遣会社）と雇用関係にあるため、基本的に雇用主である派遣会社の就業規則が適用されます。ただし、派遣労働者の場合、労働者派遣に際しては、派遣元の労働者を対象とする就業規則とは別に、個別に派遣先の具体的な就業条件を定めた「就業条件明示書」が交付されます。派遣労働者は、就業条件明示書に示された範囲内で、派遣先の指揮命令に従うことになります。

　就業条件明示書は、派遣元と派遣先との間で締結した「労働者派遣契約」を基に、派遣元から派遣労働者に交付される派遣先における就業条件を明示した書面です。

　労働者派遣法では派遣元に対し、派遣先での就業条件を詳しく明示する義務を定めています。おもな記載事項は、①派遣先での業務内容、②派遣先の名称・所在地・就業場所、③就業中の派遣労働者を直接指揮命令する者、④派遣期間（期間制限抵触日）や就業日、⑤始業・終業時刻や休憩時間、⑥安全衛生、⑦苦情等を申し出る派遣先責任者や派遣元責任者の氏名等、⑧雇用の安定を図るための措置などです。また、①については、業務に伴う責任の程度についても記載が必要です。

　そして、就業条件明示書は、派遣労働者や派遣労働者に対し指揮命令をする者などに交付し、就業条件の周知を徹底させ、これと異なる指示を行わないよう指導する必要があります。

　では、就業条件明示書に記載された内容と、就業実態や業務指示が異なる場合はどのような影響があるのでしょうか。

　就業実態が異なる場合は、雇用主である派遣元の責任とされますの

で、派遣労働者は派遣元との雇用契約を解除することができます。この場合、派遣労働者は派遣先企業の指示に従う必要はありません。派遣労働者は、あくまでも就業条件明示書に記載された範囲内で、派遣先の指揮命令に従えばよく、自ら合意していない業務指示に従う義務はないからです。

したがって、派遣先は、就業条件明示書に記載されていない業務を命じることや、これと異なる指示をすることはできません。就業条件明示書に定められた範囲内で指示や命令をする必要があります。

なお、派遣先が就業条件（就業時間、就業場所、業務内容など）を変更したい場合は、その都度、派遣元に労働者派遣契約の変更を申し入れ、派遣元は派遣労働者の同意を得る必要があります。

■■ 就業環境の維持や安全衛生にも気をつける

派遣先は、派遣労働者に対し直接指揮命令を行い、また労務提供の管理を行っていることから、派遣労働者が適正かつ円滑に業務を遂行できるように、セクシャルハラスメントの防止など、適切な就業環境を維持する他、派遣先の労働者が利用する給食施設・休憩室・更衣室の利用の機会を与えること、教育訓練を実施すること等が義務づけられています。

また、派遣労働者の均衡待遇と均等待遇の確保（218ページ）のため、派遣先は、労働者派遣契約の締結前に、派遣労働者が従事する業務ごとに、派遣先が自ら雇用する通常の労働者の賃金などの待遇に関する情報を、派遣元に対して提供することが義務づけられました。この情報提供が派遣先から行われない場合、派遣元は、労働者派遣契約を締結できないことになっています。

その他、派遣先は、派遣労働者の就業に伴う安全管理および衛生管理について、労働安全衛生法上の事業者としての責任を負うことになります。そのため、派遣先は、安全衛生管理体制の整備や、派遣労働

者の健康を確保するための措置、安全衛生教育の実施などを行わなければなりません。

■■ 派遣労働者とトラブルになったらどうする

　就業条件明示書に記された業務内容と実際に従事する業務との相違や、派遣先の事業所における人間関係など、派遣労働者を巡るトラブルや苦情は多く、いかに適切にトラブルを処理していくか、という点が労働者派遣制度を有効に利用するための重要事項になります。

　派遣労働者からの苦情の申出やその処理に関して、派遣先には、次の4つの対応が求められています。

① 　派遣会社と締結する労働者派遣契約書には、苦情の申出を受ける者の氏名の他、苦情の処理方法も記載しなければなりません。
② 　派遣労働者の受入れに際し、説明会などを実施して、苦情の申出を受ける者や苦情処理の方法、派遣会社との連絡体制などを派遣労働者に説明しなければなりません。
③ 　苦情の申出があった後の対応として、苦情を申し出たことを理由として、その派遣労働者に不利益な取扱いをすることは禁じられています。不利益な取扱いとは、仕事量を増やしたり、派遣労働者の交代を派遣会社に求めたり、あるいは合理的理由もなく休日出勤を命じたりすることなどが該当します。
④ 　苦情の申出があった場合には、申出を受けた年月日、苦情の内容および処理状況などを派遣先管理台帳に記載するとともに、その内容を派遣会社に通知しなければなりません。

　なお、令和2年の労働者派遣法改正では、派遣労働者がより救済を求めやすくなるよう、また、派遣労働者に関するトラブルの早期解決を図るため、裁判外紛争解決手続（行政ADR）の規定の整備が行われています。

■■ その他の注意点

　派遣先は、受け入れる派遣労働者について、労働保険・社会保険への加入が適切になされているかを確認する必要があります。

　労働保険・社会保険の加入を必要とする労働条件で派遣労働者を受け入れる場合に、当該派遣労働者が正当な理由なく保険に加入していないときには、派遣先は、派遣元に保険への加入を求めたり、あるいは保険に加入している派遣労働者と交代するよう求めたりする必要があります。

　派遣労働者が、派遣先で就業中に労災事故にあった場合、原則として派遣先ではなく、派遣元の下で労災保険の給付を受けます。派遣労働者と雇用契約を結んでいるのは派遣元だからです。労災給付を受けるために、派遣先と派遣元は、それぞれ労働者死傷病報告を労働基準監督署に提出します。ただ、派遣労働者が通勤時に事故などにあった場合は、派遣先には労働者死傷病報告の提出義務がありません。

■ 派遣労働者に対する就業条件の明示

就業条件
- ①従事する業務の内容（業務に伴う責任の程度）
- ②従事する事業所の名称・所在地・組織単位
- ③派遣就業中の指揮命令者についての事項
- ④派遣の期間および派遣就業をする日
- ⑤派遣就業の開始・終了の時刻および休憩時間
- ⑥派遣労働者からの苦情処理についての事項
- ⑦安全衛生、雇用安定措置　など

6 派遣先都合で派遣契約を途中で解除する場合はどうしたらよいのか

労働者派遣契約は簡単に途中で解除できない

■■ 理由によっては派遣契約を解除できないこともある

　派遣先都合の労働者派遣契約（派遣契約）の解除（中途解除）は、派遣労働者の就業機会を奪うため、一定の制限があります。とくに次のような理由の解除が禁止されている点に注意を要します。なお、労働者派遣契約の期間満了に伴う終了は「解除」にあたりません。

　まず、派遣労働者の国籍・信条・性別・社会的身分を理由に、派遣先が労働者派遣契約を解除することが禁止されます。信条とは、特定の宗教的な信念あるいは政治的な信念を指し、社会的身分とは、生来的な地位（婚外子であることなど）を指します。

　次に、派遣労働者が労働組合の正当な行為をしたことを理由に、派遣先が労働者派遣契約を解除することが禁止されます。労働組合の正当な行為には、団体交渉や正当な争議行為の他、労働組合の会議に参加する行為、労働組合の活動のための出張などが含まれます。

　その他、派遣労働者の人種・門地（家柄）・婚姻・妊娠・出産・心身障害や、派遣労働者が派遣先に苦情を申し出たこと、などを理由とする解除も禁止されています。派遣先企業の違法行為を派遣労働者が関係行政機関に申告した（公益通報）ときに、派遣先がそれを理由として労働者派遣契約を解除することも許されません。

■■ 労働者派遣契約を途中で解除する場合

　派遣先の都合で労働者派遣契約を解除（中途解除）する場合、派遣先としては、あらかじめ派遣元に解除の申入れを行い、派遣元の合意を得ることが必要とされています。この解除の理由を派遣元から問わ

れた場合、派遣先はその理由を明らかにしなければなりません。

さらに、派遣先の都合で労働者派遣契約を解除する場合は、①派遣労働者の新たな就業機会の確保、②休業手当などの支払いに要する費用の負担などの措置をとることが、派遣先に義務づけられています。

①に関しては、派遣先の関連会社などで派遣労働者が働けるように手配するなど、派遣労働者が新たに働ける機会（就業機会）を確保しなければなりません。しかし、派遣労働者の新たな就業機会を確保できない場合、派遣先は②の措置を講じることになります。

具体的には、派遣先都合での労働者派遣契約の解除に伴い、派遣元が派遣先で就業していた派遣労働者を休業させる場合は、その休業手当に相当する額以上の額について、派遣先が派遣元に対し損害の賠償を行わなければなりません。また、派遣先都合での労働者派遣契約の解除に伴い、派遣元がやむを得ない事由により、派遣先で就業していた当該派遣労働者を解雇する場合は、以下の額について、派遣先が派

■ 労働者派遣契約を途中で解除する場合の注意点

1	その解除が真にやむを得ず、正当なものかを十分に検討すること
2	あらかじめ相当の猶予期間をもって、派遣元に解除の申出を行い、合意を得ること
3	派遣先の関連会社での就業をあっせんするなど、その派遣労働者の新たな就業の機会の確保を図ること
4	派遣先都合での（派遣先の責めに帰すべき事由による）労働者派遣契約の解除に伴い、派遣元が派遣労働者を休業させる場合は、休業手当相当額以上の額を派遣元に支払う （解除に伴い、派遣元がやむを得ない事由で派遣労働者を解雇する場合は、たとえば、相当の猶予期間がない派遣先からの解除の申入れにより派遣元が解雇予告をしないときは、30日分以上の賃金相当額以上の額を派遣元に支払う）
5	労働者派遣契約の解除につき、派遣先と派遣元の双方の責めに帰すべき事由がある場合は、派遣先と派遣元のそれぞれの責めに帰すべき部分の割合についても十分に考慮すること

遣元に対し損害の賠償を行わなければなりません。
・派遣先による解除の申入れが相当の猶予期間をもって行われなかったことで、派遣元が解雇予告をしないときは、30日分以上の賃金に相当する額以上の額
・解雇予告をした日から解雇日までの期間が30日未満のときは、解雇日の30日前の日から解雇予告日までの日数分以上の賃金に相当する額以上の額

■ 派遣労働者の能力に問題がある場合

　派遣労働者（派遣社員）を受け入れる場合は、求める労働力と必要とされる能力について、派遣先から派遣元に対して具体的に依頼してあるのが通常です。

　ただ、労働者派遣の場合は、派遣元の方で派遣先が求める能力を有する派遣労働者を選ぶため、想定していた労働力に満たない労働者が派遣されることもあり、それにより業務が滞るなどの事態が生じる恐れがあります。この場合、派遣先責任者と派遣元責任者で調整することになりますが、派遣先が派遣元に求めていた能力に明らかに及ばない者の派遣を受けることもあるかもしれません。

　派遣先と派遣元の間では、労働者派遣を行う際に、就業条件などについての詳細を定めて労働者派遣契約を結びます。派遣元は、労働者派遣契約に基づき、派遣先が求める労働力を提供する義務を負っています。派遣労働者の能力が派遣先の求める労働力に明らかに満たない場合、派遣元は労働者派遣契約で負っている義務を履行していないことになります。そのため、派遣先は、派遣元に対して、派遣労働者の交代を求めるなどの対応をとることができます。

　派遣労働者の交代を避けるには、労働者派遣契約を結ぶ段階で、派遣労働者が従事する業務内容と求める能力について、詳細かつ具体的に示すことが重要です。さらに、実際の派遣労働者の能力が、労働者

派遣契約で定めた業務内容の遂行に求められる能力に及ばない場合を考えておき、派遣先と派遣元の間で対処法を具体的に話し合っておくことも必要です。その上で、派遣労働者の交代要請を行う場合について、具体的に労働者派遣契約書に明記するとよいでしょう。

　これに対し、派遣労働者に求める能力について、労働者派遣契約書の記載が抽象的な場合は、派遣労働者の交代要請や、交代要員が派遣されない場合に労働者派遣契約を解除するなどの措置がとれない場合があります。能力不足の他にも、無断欠勤や遅刻が多い、業務命令や職場規程を守らないといった場合も想定し、対処法を具体的に示しておきます。派遣労働者の休暇に伴って代替要員が必要な場合も、派遣元が代替要員を派遣する取り決めをしておくとよいでしょう。

　このように、具体的な場面を想定して対処法を明確に決めておくことで、実際に問題が起きた場合にスムーズに対応できる他、派遣元としても、派遣先の依頼を正確に把握することが可能になります。

■ 派遣労働者の交代に関する条文のサンプル

労働者派遣契約

第１条（目的）
　　⋮

第○○条（派遣労働者の交替）
　派遣労働者の就業にあたり、当該派遣労働者が業務処理方法、就業規律等に従わない場合、または業務処理の能率が著しく低く労働者派遣の目的を達しない場合、乙は甲にその理由を示し、派遣労働者の交代を要請することができる。
２　前項の場合であっても、甲が派遣労働者に対し適切な措置を講じることにより改善が見込める場合には、甲は乙の了承を得て、当該派遣労働者に対する指導、改善を図ることができる。
３　派遣労働者の傷病その他やむをえない理由があるときは、甲は乙の了承を得て派遣労働者の交替をすることができる。
　　⋮

※甲：派遣元、乙：派遣先

7 派遣先責任者はどんな仕事をするのか

派遣労働者が働く環境を整える派遣先における責任者

■■ 必ず置かなければならない

　派遣労働者（派遣社員）を受け入れる場合、派遣先は派遣先責任者を選任しなければなりません。派遣先責任者には、労働関係の法令等の知識、人事面や労務管理などの専門知識や経験を持つ人を選任するように努める必要があります。また、派遣労働者の仕事に関してある程度の決定や変更を行う権限を持つ人を選任することで、派遣先責任者が仕事を的確に行えるようにする必要があります。

　派遣先責任者は、派遣先が自社で雇用する労働者の中から選任します。派遣先責任者の数は、受け入れる派遣労働者の数に比例して配置する必要があります。具体的には、派遣労働者数が1〜100人ごとに1人の割合です。

　なお、派遣労働者が従事する業務が、通常業務に比べて危険度の増す製造業務の場合、製造業務に従事する派遣労働者が50人を超える派遣先は、通常の派遣先責任者とは別に、製造業務専門派遣先責任者を配置しなければなりません。一方、製造業務に従事する派遣労働者が50人以下の場合も、派遣労働者の安全衛生を確保する上で、製造業務専門派遣先責任者を選任することが望ましいとされています。

■■ 派遣先責任者はどのような業務を行うのか

　派遣先責任者は、おもに以下の業務を行うことになっています。派遣労働者が安心して働けるよう、派遣先の担当者や派遣元と連携して業務を行います。

・派遣労働者を指揮命令する地位にある者などに対し、派遣労働者の

氏名、性別、労働者派遣に関する法令、派遣契約の内容などを通知
・派遣労働者の受入期間の変更通知
・派遣先管理台帳の作成・記録・保存
・派遣先管理台帳に記載した事項の派遣元への通知
・派遣労働者からの苦情の処理
・安全衛生に関すること
・派遣元との連絡調整

　たとえば、安全衛生については、健康診断の実施時期、場所、所見ありの場合の対応や、安全衛生教育の時期・内容などについて、派遣元責任者との連絡調整を行います。その他、派遣元責任者との間で派遣労働者の受入れに関する事項の連絡調整を行い、問題が起きた場合には協力して解決しなければなりません。

■ 派遣先管理台帳を作る

　派遣先は、事業所ごとに派遣先管理台帳を作成し、必要事項を派遣労働者ごとに記載しなければなりません。そして、作成した派遣先管

■ 派遣先責任者のおもな仕事

1	次の事項を派遣労働者の業務の遂行を指揮命令する者等に周知させること ① 労働者派遣法等 ② 労働者派遣契約の定め ③ 派遣労働者の氏名、健康保険被保険者資格取得確認等
2	労働者派遣契約の締結後に派遣期間を定めまたは変更したときに、派遣元事業主に対し、派遣可能期間に抵触することとなる最初の日を通知すること、および派遣先管理台帳に関すること
3	派遣労働者から申出を受けた苦情処理にあたること
4	派遣労働者の安全および衛生に関し、事業所の労働者の安全および衛生に関する業務を統括管理する者および派遣元事業主との連絡調整を行うこと
5	派遣元事業主との連絡調整に関すること

理台帳は、派遣労働者の派遣就業終了日から3年間保存します。派遣先管理台帳には、おもに以下の内容を記載します。
・派遣労働者の氏名やその雇用期間（有期雇用・無期雇用の別）
・協定対象派遣労働者であるか否かの別
・60歳以上の派遣労働者であるか否かの別
・派遣元の名称やその事業所の名称・所在地
・派遣労働者の情報（就業日、就業日ごとの始業時刻・終業時刻・休憩時間、従事した業務の種類、苦情処理状況、教育訓練状況）
・派遣先責任者や派遣元責任者に関する内容
・派遣労働者が従事した事業所の名称・所在地や組織単位
・派遣労働者の労働保険・社会保険の被保険者資格取得届の提出の有無（「無」の場合はその具体的な理由）

その他、紹介予定派遣（239ページ）の場合には、その紹介予定派遣に関することを記載します。派遣受入期間の制限がない業務についての労働者派遣の場合には、該当する業務の種類について記載します。

■ 派遣先管理台帳

台帳の作成規模	派遣労働者を受け入れる事業所ごとに作成
必要事項	・派遣労働者の雇用期間（有期雇用 or 無期雇用） ・派遣期間制限対象の有無 ・派遣労働者の氏名 ・派遣元の名称と事業所の名称・所在地 ・派遣労働者の情報（就業日、始業・終業の時刻、休憩時間、従事した業務の種類、苦情処理、教育訓練） ・派遣労働者が従事した事業所の名称・所在地と組織単位 ・派遣先責任者と派遣元責任者に関する内容 ・派遣労働者の被保険者資格取得届の提出状況 ・紹介予定派遣に関する内容 ・協定対象労働者であるか、60歳以上であるか否かの別
保存期間	派遣労働者の派遣就業終了日から3年間

資料　派遣先管理台帳のサンプル例

派遣先管理台帳

派遣労働者氏名	労働　花子				
雇用期間	無期雇用　・　(有期雇用)				
協定対象派遣労働者 (労働者派遣法第30条の4第1項の労使協定の対象となる派遣労働者)であるか否かの別	(協定対象派遣労働者である(労使協定方式))・　協定対象派遣労働者でない(派遣先均等・均衡方式)				
60歳以上の派遣労働者であるか否かの別	60歳以上　　　　(60歳未満)				
被保険者資格取得届の提出の有無 提出がない場合の具体的な理由	雇用保険	(有)・無	無の 具体的な理由		
^	健康保険	有・(無)	無の 具体的な理由	1週間の所定労働時間及び1箇月の所定労働日数が通常の労働者の4分の3未満であるため	
^	厚生年金保険	有・(無)	無の 具体的な理由	1週間の所定労働時間及び1箇月の所定労働日数が通常の労働者の4分の3未満であるため	
派遣元事業主名	近畿スタッフ株式会社				
派遣元事業所	(名　称)	近畿スタッフ株式会社　大阪オフィス			
^	(所在地)	〒530-0001　大阪市北区梅田●-●-●　　(TEL:06-●●●●-●●●●)			
派遣先事業所	(名　称)	株式会社　厚労商事　関西支社			
^	(所在地)	〒540-8527　大阪市中央区大手前●-●-●　(TEL:06-●●●●-●●●●)			
就業場所	(名　称)	株式会社　厚労商事　関西支社　堺営業所　営業第二課　販売促進係			
^	(所在地)	〒590-0078　堺市堺区南瓦町●-●　　　　(TEL:072-●●●●-●●●●)			
組織単位(長の職名)	堺営業所　営業第二課　　　　(長の職名)　営業第二課長				
業務内容	パーソナルコンピュータの操作によるプレゼンテーション用資料、業績管理資料、会議用資料等の作成業務。				
令第4条第1項各号の業務に該当する場合	(令第4条第1項第3号　事務用機器操作に該当。)				
業務に伴う責任の程度	役職無し。稟議文書に関する決裁権限無し。部下0名。				
派遣元責任者	大阪オフィス　支店長　○○　○○　　　　(TEL:06-●●●●-●●●●)				
派遣先責任者	関西支社　支社長　△△　△△　　　　　　(TEL:06-●●●●-●●●●)				
紹介予定派遣に関する事項 (紹介予定派遣の場合のみ記載)	■ 該当する				
^	派遣労働者を特定することを目的に行った行為の内容および特定の基準			採否結果	採用	
^	派遣先が職業紹介を希望しなかった場合又は紹介後雇用しなかった場合、その理由					
期間制限のない労働者派遣に該当する場合	有期プロジェクト業務	□ 該当する				
^	日数限定業務	□ 該当する	当該業務が派遣先において1箇月間に行われる日数(　　　) 当該派遣先の通常の労働者の1箇月間の所定労働日数(　　　)			
^	育児休業等の代替業務	休業労働者氏名(　　　　　)　業務(　　　　　　　) 休業開始日(　　　　　)〜休業終了予定日(　　　　)				
^	介護休業等の代替業務	休業労働者氏名(　　　　　)　業務(　　　　　　　) 休業開始日(　　　　　)〜休業終了予定日(　　　　)				

第5章　◆　労働者派遣の法律と実務ポイント

派遣先管理台帳【続紙】

派遣労働者氏名	労働　花子				
苦情の処理状況	苦情を受けた日				苦情内容、処理状況
^	令和　◆　年　4　月　20　日				同一部署内の男性労働者が、顔を合わせると必ず容姿や身体に関して言及すると苦情。当該部署内にセクシュアルハラスメント防止に関する啓発用資料を配付し、説明を行ったところ、以後そのような不適切な発言はなくなった。
^	令和　　年　　月　　日				^
^	令和　　年　　月　　日				^
教育訓練	教育訓練実施日時				教育訓練の内容
^	令和　◆　年　4　月　13　日			13:00～ 15:00	社内システム端末の活用に係る研修の実施。
^	令和　　年　　月　　日			：　～ ：	^
^	令和　　年　　月　　日			：　～ ：	^
就業状況	別紙就業状況報告書のとおり				

出典　厚生労働省大阪労働局ホームページより引用

8 紹介予定派遣について知っておこう

派遣先の社員として雇用されることを予定した派遣

■ 紹介予定派遣とはどのようなものか

　紹介予定派遣はその名のとおり、派遣社員がいずれ派遣先の社員（おもに正社員）として雇用されることを予定して行われる派遣の形態です。

　日本人材派遣協会による統計調査「労働者派遣事業統計調査」によれば、令和6年（2024年）に紹介予定派遣が行われた数は前年に比べて増えつつあり、全体の派遣労働者は増加傾向にあるため、今後の転職市場の状況や高齢者の働き方などにより、紹介予定派遣のニーズが今後も高まっていくのではないかと言われています。

　紹介予定派遣には、派遣先、派遣元、派遣社員の三者それぞれにとってさまざまなメリットがあります。

　まず、派遣先では、自前で経費と手間をかけて求人を行う必要がなくなります。また、応募者の提出した履歴書や職務経歴書、実施した筆記試験の結果や面接をもとに採用の可否を決めるしかない通常の求人と異なり、採用候補者が実際に働いているところを見て、直接雇用の可否を判断することができます。

　これに対し、派遣元にとっては、派遣料金と紹介料を得ることができることが大きなメリットです。また、派遣元で雇用契約を結んでいた派遣社員が派遣先に雇用されることで、派遣社員の雇用に対するコストを削減することができます。

　そして、派遣社員にとっては、事前の書類の準備から始まり、筆記試験や面接を経て、採用となった企業で働きはじめたところ、自分とは合わない職場だとわかった、という状況を回避できます。企業に雇

用される前に、自分がこれから長期にわたり働くかもしれない職場環境や職務内容が自分に合っているかどうかを見極めてから、企業と雇用契約を結ぶかどうかを判断することができるのです。

■■ 受け入れた派遣社員の雇用を拒否できるか

　紹介予定派遣は、派遣社員が将来的に派遣先に直接雇用されることを前提として受け入れる形態の労働者派遣です。しかし、実際に派遣期間を終えたときに、派遣先がその紹介予定派遣社員の雇用を希望しないケースもあります。この場合、派遣先としては、①その紹介予定派遣社員を雇用しない、②派遣元に職業紹介の受入れを拒否する、などの措置をとることができます。

　派遣先が職業紹介の受入れまたは紹介予定派遣社員の雇用を拒否した場合で、その紹介予定派遣社員の側から、それぞれの理由の明示を求められた場合には、派遣先は、派遣元に対して、書面、FAXまたはメールを利用して理由を明示しなければなりません。そして、派遣元は、派遣先から通知された理由を、紹介予定派遣社員であった者に明示しなければなりません。この際、明示する手段は書面、FAXまたはメールを利用しますが、その紹介派遣社員であった者の希望がない場合には、理由の明示は書面で行うようにします。

　以上の理由の明示については、紹介予定派遣社員だった者の求めに応じて、実際には派遣元が派遣先に対して要求します。この派遣元からの求めに応じて、派遣先から派遣元に対して理由が明示され、それが紹介予定派遣社員だった者に通知されるしくみになっています。必ず派遣元が両者の間に立って行うものであり、派遣先と紹介予定派遣社員だった者の間で直接行われるものではありません。

　反対に、派遣期間が終了し、派遣先がその紹介予定派遣社員の雇用を望んでも、紹介予定派遣社員が派遣先への入社を希望しなければ、入社を断ることができます。この場合、とくに拒否の理由について紹

介予定派遣社員の側が明示すべきという決まりはありません。

その他、紹介予定派遣の場合には、通常の労働者派遣と比べると、派遣社員に関する情報を派遣先に対して開示する度合いが大きいといえます。ただし、紹介予定派遣社員の特定については、社会通念上、公正と認められる客観的な基準によって行われる必要があるため、厚生労働省の指針が定められています。

具体的には、①その紹介予定派遣社員が過去に紹介予定派遣の対象となったことがあるかどうか、②紹介予定派遣の派遣先から採用を拒否されたことがあるかどうか、といった情報について、派遣先は知ることはできないとされています。

■■ 事前面接は可能なのか

通常の労働者派遣の場合には、派遣先が派遣社員（派遣労働者）の候補者を特定することを目的とする行為や、派遣社員を特定することを禁じています。したがって、派遣先が派遣社員の特定につながる履歴書の提出や事前面接を求めることも禁じられています。ただし、派遣社員の候補者が、自発的に履歴書を提出する場合や、事前に派遣先の下見に出向くような場合は問題ありません。

紹介予定派遣は、おもに正社員として雇用することを前提として行

■ 紹介予定派遣のしくみ

紹介予定派遣社員として就業 → 派遣期間終了 → 職業紹介 → 正社員として採用！／不採用／職業紹介を受けない

われるため、通常の求人と同様に、紹介予定派遣社員についての情報を収集することができます。この点において、通常の労働者派遣とは異なり、派遣社員の特定が可能といえます。たとえば、履歴書の提出を求めたり、事前面接を行ったりすることができます。これは、派遣先が円滑に直接雇用を図ることができるようにするためです。

また、履歴書の送付や事前面接の設定の他、業務を遂行するのに必要な能力が備わっているかを調べる試験や、業務遂行に関連する資格の有無に関する問い合わせなども、社会通念上、公正と認められる程度に客観的な基準に基づいて行われる場合は問題ありません。

このように、紹介予定派遣は、おもに正社員としての雇用を前提として行われるものであるため、派遣社員の特定を目的とする行為や派遣社員を特定すること（特定等）が認められています。ただし、次のように法令などが禁じている特定等は認められません。

① 労働施策総合推進法

年齢制限が認められている業務を除き、派遣社員の年齢を理由としてその派遣社員を排除することが禁止されます。

② 男女雇用機会均等法

派遣先は、特定等を行うに当たり、男女雇用機会均等法に照らし、たとえば、次に掲げる措置を行うことが禁止されています。

・特定等の対象から男女のいずれかを排除すること
・特定等にあたっての条件を男女で異なるものとすること
・特定に係る選考において能力や資質の有無などを判断する場合、その方法や基準について男女で異なる取扱いをすることなど

③ 障害者雇用促進法

・特定等にあたって障害者であることを理由として、障害者をその対象から排除したり、障害者に対してのみ不利な条件を付すことなど

第6章
請負・業務委託の法律と実務ポイント

1 フリーランス活用のメリット・デメリット

業務量にあわせた人材の確保ができる

■■ フリーランスとして働くことのメリット

　フリーランスとは、企業と雇用関係を持たずに、請負契約や準委任契約などを結んで働くことです。フリーランスのような個人請負の形態は以前から、大工、タクシー運転手、保険外交員、編集者、ライターなどの職種に見られました。近年では、プログラマーやWebデザイナーなどIT関連の職種でも多く見られます。

　このようなスタイルの働き方は、働き手にとっても、企業にとっても一定のメリットがあります。働き手としては、労働時間に縛られず自分のペースで働けることや、企業という枠組みを超えて一定のプロジェクトごとに集まり仕事ができるといったメリットがあります。これに対し、企業としては、専門的な知識・技術をもった外部の人材を活用できることや、人件費の削減につながる、業務量にあわせた規模の人材の確保ができる、といったメリットがあります。

　フリーランスは個人事業主とみなされるので、原則労働関係の法令（労働基準法、最低賃金法、労災保険法など）の適用を受けません。労働関係の法令では、賃金の最低水準、労働時間の規制、労災保険の給付などによる労働者保護を定めていますが、労働者ではない個人事業主は対象外です。そのため、業務内容や報酬などは、双方の合意で自由に決定できます。完全出来高払いや歩合制など、成果重視の報酬形態も可能です。また、労働者ではないという点から、企業としては、社会保険加入や福利厚生の提供などのコストの削減が期待できます。

　働き手にとっては、子育てや介護をしながら空き時間を活用して就業する、専門性を生かして複数の会社から業務を請け負う、といった

自由なスタイルで働けることがメリットになります。

■ フリーランスとして働く場合のデメリット

　フリーランスは、法律上は企業と対等の関係にある「事業主」ということになるので、雇用保険や労災保険、最低賃金などは適用されません。ただ、労災保険については特別加入の対象者（個人タクシー業者、個人配送業者、大工など）であれば、任意に加入することで、業務上のケガなどの場合に労災保険の給付を受けることが可能です。令和3年度以降、芸能従事者、自転車配達員、歯科技工士、令和6年11月からはフリーランスが特別加入の対象者として追加されています。また、令和7年4月からは、労働者と同じ場所で作業をする一人親方に対しても労働安全衛生法（作業場所に起因する危険性に対処する事業者の義務）が適用されています。

　フリーランスは、取引先の企業の職場を業務遂行の場所として指定され、取引先の担当者の指揮命令下に置かれるという、実質的に普通の労働者と変わらない形態で働くケースもあり、労災保険や雇用保険の保険料の負担を逃れるためにフリーランスを利用する企業も存在するのが現状です。

■ フリーランスのメリット

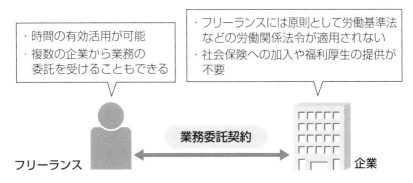

相談 請負社員

Case 請負社員（請負会社の労働者）を活用するメリットを教えてください。請負社員への指揮命令は、どのように行うべきでしょうか。

回答 請負社員を活用する大きなメリットは、業務量の変動に合わせて、必要な能力を持つ人材を、必要な人数だけ随時確保できることです。たとえば、季節や在庫状況などにより作業量が大きく変動する製造現場では、繁忙期を見据えて従業員を雇用しておく必要がありません。また、請負社員の給与支払いや社会保険などの手続きもすべて請負会社（請負人）が行うため、コストの削減が期待できます。

ただし、発注元の社員が指揮命令をするラインに、発注元の社員に交じって請負社員が仕事をすることは「偽装請負」に該当し、労務管理の独立性が求められる請負の性質に反します。発注元は請負社員を管理する責任がない代わりに、指揮命令をする権限もありません。

■ 製造現場のライン作業の請負

【適法なケース】
発注元 ⇔ 請負会社
　　請負契約
発注元の工場
ラインA
　発注元の作業員
ラインB
　請負会社の作業員

ラインAの指揮命令者＝
　発注元の社員
ラインBの指揮命令者＝
　請負会社の社員

※発注元と請負会社の作業員が作業するラインが分かれていて指揮命令系統も分かれている場合には問題ない

【違法となるケース①】
発注元 ⇔ 請負会社
　　請負契約
発注元の工場
ラインA
　発注元の作業員
ラインB
　請負会社の作業員

ラインAの指揮命令者＝
　発注元の社員
ラインBの指揮命令者＝
　発注元の社員

※請負会社の作業員に発注元の社員が指揮命令を行うことはできない

【違法となるケース②】
発注元 ⇔ 請負会社
　　請負契約
発注元の工場
ラインA　発注元の作業員
　　　　＋請負会社の作業員
ラインB　発注元の作業員
　　　　＋請負会社の作業員

ラインAの指揮命令者＝
　発注元の社員
ラインBの指揮命令者＝
　請負会社の社員

※ラインの中に発注元と請負会社の作業員を混在させることはできない

相談　正社員から請負社員への変更

Case　会社から、「内規により正社員から社内請負に変更する」と言われましたが、従わなければなりませんか。特定の社員に対する任意の社内請負社員への切替え制度は認められるのでしょうか。

回答　請負契約とは、請負人が仕事を完成することを約束し、注文者が完成した仕事に対して報酬を支払う契約です。請負人と使用者の間には雇用関係がなく、請負人が成果を提供することで報酬を受け取る制度です。請負契約では、通常、労働者が会社と結ぶ労働契約（雇用契約）とは違い、仕事をどのように完成させるかは、請負人の自由です。請負契約を結ぶと、これまでの使用者と労働者という上下関係はなくなり、使用者とは対等の関係になります。

その一方で、請負契約を結ぶと、請負人は労働者ではなくなるため、労働基準法などの保護対象から外れます。つまり、契約が変更され、請負人は労働基準法などの保護が得られなくなります。

労働者を請負契約に切り替える場合、会社は、労働者との契約を労働契約から請負契約に一方的に変えることはできません。変える場合には労働者の同意が必要になります。その上で、いったん会社の退職手続きをとり、その上で請負契約を結ぶことになります。請負契約に切り替える場合、労働者側としては、請負社員となった場合のメリットとデメリットをよく考えて結論を出すべきでしょう。

なお、特定の社員を対象に、社内で任意の請負契約制度を設けること自体は、とくに法律上の問題はありません。

もっとも、請負契約の場合は、会社側に労働保険や社会保険、福利厚生費、残業手当などの費用を支払う義務がないというメリットがあることから、請負契約制度を設ける場合があります。会社によっては、これらの費用を支払いたくないため、労働者との契約を請負契約に切

り替えるところもある点に注意が必要です。請負契約に切り替えても、以前と同様に、同じ時間に出社し、会社から指揮命令を受けるような体制がとられる場合もありますが、この場合は請負契約ではなく、労働契約を結んでいると判断されることになります。

相談　正社員から契約社員への変更

Case　定年目前になって正社員から３年間の契約社員への切り替えを打診されたのですが、拒否できるのでしょうか。

回答　有期労働契約の上限は原則３年ですから、契約期間３年の契約社員という雇用関係それ自体に法的な問題はありません。しかし、当面の賃金などに影響がないとしても、正社員から契約社員に変更すると、契約期間の満了時に雇止めを受ける恐れが新たに発生するため、正社員からすれば不利益変更になります。労働条件の変更は労働者の同意が必要ですから（労働契約法８条）、正社員はこれを拒否することができます。とくに契約社員への切り替えは、契約期間の満了時の雇止め（実質的な整理解雇）を想定して実施される可能性があります。労働者側としては、変更を打診された場合は、契約社員になるメリット、給与や社会保険などの労働条件がどう変わるのか、社内の立場の変化といった事項について、会社側から説明を求めるべきでしょう。

　さらに、会社側に契約社員への変更について必要性かつ合理性があるとしても、退職金などの手当について不利益がないようにしなければなりません。このように、正社員から３年の契約社員に変更するのは、それが必要かつ合理的で、今まで通り退職金などの手当があり、労働者の同意があるときに限られます。なお、労働者が同意して契約社員になったときは、契約期間の満了時である３年間は、会社側から契約を解除されることなく、勤務を継続することができます。

2 フリーランス新法について知っておこう

フリーランスを保護するための法律であり、禁止行為には罰則がある

■ どんな法律なのか

　近年、働き方は多様化し、特定の企業や組織に属しない、独立した形態で、専門知識やスキルを提供し、報酬を得るフリーランス（個人事業者）として仕事をする人が増えています。

　しかし、フリーランスについては、クライアントとの関係でいえば、立場が圧倒的に弱い者が多く、「約束した条件を正当な理由もなく変更された」「過酷な条件を飲まなければ仕事を継続してもらえない」など、さまざまな問題を抱える者も多いのが実情です。

　そのため、従来からフリーランスを保護する必要性も提唱されていましたが、働き方が多岐にわたることなどから実態が把握しにくく、なかなか法整備が追いつかない状態が続いてきました。

　このような現状を踏まえ、フリーランスという多様な働き方を考慮し、個人が事業者として受託した業務に安定的に従事することができる環境を整備するため、令和5年4月28日に「特定受託事業者に係る取引の適正化等に関する法律」（フリーランス・事業者間取引適正化等法）が成立しました。

　「フリーランス・事業者間取引適正化等法」（以下、「新法」といいます）は、フリーランスと事業者間の取引トラブルを防ぎ、フリーランスにとっての働きやすい環境を整備することをおもな目的としています。

　たとえば、後述するように、フリーランス（新法では「特定受託事業者」といいます）に業務委託をする事業者には、特定受託事業者への報酬などの契約内容その他の事項の明示を義務づけるなどの措置を講じる必要があります。

なお、新法は、令和6年11月1日から施行されています。

■■ 対象となる当事者や取引について

まず基本となる法律上の用語を簡単に確認しておきましょう。

新法は、フリーランスのことを「特定受託事業者」と呼んでいます。「特定受託事業者」とは、業務委託の相手方（業務を委託される者）である事業者のうち、①個人であって、従業員を使用しないもの、または②法人であって、代表者以外に他の役員（理事、取締役、執行役、業務を執行する社員、監事、監査役など）がなく、かつ、従業員を使用しないもののことをいいます。

「特定受託業務従事者」とは、特定受託事業者である個人及び特定受託事業者である法人の代表者のことです。

また、新法における「業務委託」とは、①事業者がその事業のために他の事業者に物品の製造（加工を含みます）または情報成果物（ⓐプログラム、ⓑ映画、放送番組その他映像または音声その他の音響により構成されるもの、ⓒ文字、図形もしくは記号もしくはこれらの結合またはこれらと色彩との結合により構成されるもの、ⓓその他これらに類するもので政令で定めるものをいいます）の作成を委託すること、または、②事業者がその事業のために他の事業者に役務の提供を委託すること（他の事業者をして自らに役務の提供をさせることを含みます）をいいます。

「特定業務委託事業者」とは、特定受託事業者に業務委託をする事業者のうち、①個人であって、従業員を使用するもの、または②法人であって、2人以上の役員があり、または従業員を使用するものをいいます。そのため、たとえば、従業員を雇っておらず、かつ2人以上の役員がいない会社の社長がフリーランスに業務を委託する場合はこの法律の対象にはなりません。なお、「従業員」には、短時間・短期間等の一時的に雇用される者は含まないとされています。

■■ 契約条件の明示が義務化された

　契約条件を明確にしないまま業務を依頼することはとても危険なことです。無用なトラブルを防止するためにも、発注者は、依頼する業務内容を当事者双方がすぐに確認できるように、記録として残すことが大切です。そこで、特定受託事業者に対し業務委託をした場合は、特定受託事業者の業務委託の内容や報酬額などを契約書、発注書、電子メールなどの書面または電磁的方法により明示しなければなりません。

　なお、フリーランス（特定受託事業者）間の取引のように、従業員を使用していない事業者が特定受託事業者に対し業務委託をする場合であっても契約条件の明示は必要になります。

　また、報酬の支払いについてもルールがあり、特定受託事業者の給付を受領した日から60日以内の報酬支払期日を設定し、支払わなければなりません。再委託の場合には、発注元（再委託前の元委託者）から支払いを受ける期日から30日以内となっています。

■■ 禁止される行為と罰則

　特定受託事業者との継続的な業務委託（政令で定める期間以上のもの）については、以下の①〜⑤の行為をすることが法律上禁止されています。また、⑥・⑦の行為によって特定受託事業者の利益を不当に害してはならないものと規定しています。

---

① 特定受託事業者の責めに帰すべき事由なく受領を拒否すること
② 特定受託事業者の責めに帰すべき事由なく報酬を減額すること
③ 特定受託事業者の責めに帰すべき事由なく返品を行うこと
④ 通常相場に比べ著しく低い報酬の額を不当に定めること
⑤ 正当な理由なく自己の指定する物の購入・役務の利用を強制すること
⑥ 自己のために金銭、役務その他の経済上の利益を提供させる

こと
⑦　特定受託事業者の責めに帰すべき事由なく内容を変更させ、またはやり直させること

　つまり、正当な理由のない、①受領拒否、②報酬減額、③返品、④買いたたき、⑤購入・利用の強制、⑥不当な経済上の利益の提供要請、⑦不当な給付内容の変更・やり直し、が禁止行為となります。

　公正取引委員会、中小企業庁長官または厚生労働大臣は、違反行為について助言、指導、報告徴収・立入検査、勧告、勧告に従わなかった場合には公表・命令をすることができます。命令違反や検査拒否等に対しては、50万円以下の罰金に処する場合もあります。

■ 特定受託業務従事者の就業環境の整備についての規制

　この他、以下の行為についても規制されています。

・募集広告についての規制

　募集広告を掲載するときは、虚偽の表示等をしてはならず、正確かつ最新の内容に保つことが必要となります。

　たとえば、「クラウドソーシング」などのマッチングプラットフォームなどにフリーランスの求人を出す時は、正しい情報を表示しなければ、虚偽の表示にあたる可能性があります。募集内容と実際に依頼する業務の条件が異なる場合、事業者は募集内容と業務内容が異なる理由を説明する義務があります。

・育児介護等への配慮

　フリーランスは雇用されているわけではありませんから、妊娠出産や親の介護等の事情があったとしても、納品日を延期してもらったり、一定期間だけ休業して、その期間だけ他の人に代わってもらうということが難しいといえます。

　そこで、発注者側（特定業務委託事業者）は、「（政令で定める期間

以上の）継続的業務委託」の契約があるフリーランスについては、フリーランス側からの申出があった場合には、特定受託事業者が育児介護等と両立して業務委託に関する業務を行うことができるように、フリーランスからの申出に応じて業務スケジュールや納品日を調整したり、リモートでの打ち合わせを可能にするなどの必要な配慮をしなければなりません。

・ハラスメント対策

発注者側（特定業務委託事業者）は、フリーランス（特定受託業務従事者）に対するハラスメント行為についての相談窓口の設置など、必要な体制整備等の措置を講じ、周知させなければなりません。

■ フリーランス・事業者間取引適正化等法の概要

正式名称	特定受託事業者に係る取引の適正化等に関する法律
法律の目的	フリーランスと事業者間の取引トラブルを防ぎ、フリーランスにとって働きやすい環境を整備する
事業者側に課された義務等	・業務委託の内容や報酬額などを契約書、発注書、電子メールなどで明示しなければならない ・報酬は仕事を受領した日から60日以内に報酬支払期日を設定し、支払わなければならない。 ・募集広告についての規制（情報を正確かつ最新の内容に保つ） ・出産・育児・介護等への配慮をする ・ハラスメント対策の体制整備等の措置を講じること ・契約の中途解除の事前予告（中途解除日等の30日前までに事前予告しなければならない）
違反した場合	・違反行為について行政機関は、助言、指導、報告徴収・立入検査、勧告、勧告に従わなかった場合には公表・命令をすることができる。 ・命令違反や検査拒否等に対しては、50万円以下の罰金に処する場合もある

なお、発注者側（特定業務委託事業者）がハラスメント対策に必要な措置を講じないような場合に、ハラスメント行為について行政機関に通報したような場合に、発注者側がフリーランスに対して契約解除などの報復行為をするような望ましくない行為についても指針で明確化されています。

・契約の中途解除の事前予告

　契約期間内に発注者側が継続的業務委託を中途解除するような場合については、原則として、中途解除日等の30日前までに特定受託事業者に対し事前予告しなければならないとされています。

　もっとも、フリーランス（特定受託業務従事者）側の事情で契約を途中解除せざるを得ないような場合もあります。そこで、発注者側（特定業務委託事業者）は、フリーランス（特定受託業務従事者）側の契約違反行為や不法行為があったような場合など、契約を中途解除されてもやむを得ないような禁止行為については、あらかじめ契約書の条項に定めて合意しておくのがよいでしょう。

■■ 国が行う相談対応等の取り組み

　従来、不当な契約関係に悩まされてきた立場の弱いフリーランスの人は、新法の規定を根拠に発注者側と協議をすることで、抱えている法律問題を改善することができる可能性もあります。

　また、国の行政機関は、特定受託事業者の取引を適正化し、特定受託業務従事者の就業環境を改善するために、相談対応などの必要な体制の整備等の措置を講じています。

　当事者間の交渉では解決できないケースや新法に違反するような悪質な事情がある場合には、公正取引委員会、中小企業庁、厚生労働省などの国の行政機関にその事実を報告することも検討するとよいでしょう。

書式　発注書

令和○年○月○日

発　注　書

篠山　啓太　様

　　　　　　　　　　　住所：福井県○○市○○１－２－３
　　　　　　　　　　　社名：株式会社川上サービス
　　　　　　　　　　　代表取締役：川上　健二　　㊞

下記のとおり△△△業務を委託する。

記

1	委託内容	○○○○
2	契約金額	￥○○○○（税込）（源泉徴収税￥○○○○を報酬振込時に差し引く）
3	履行期限	令和○年○月○日
4	納品先・方法	株式会社川上サービス（担当者三鷹）宛にデータをメールで納品
5	諸経費の取扱	甲は、以下の経費を負担するものとする。 ・甲が指定する仕事に必要な機器 ・打ち合わせ時の交通費 ・通信費
6	支払期日	令和○年○月○日
7	支払方法	口座振込（支払期日が金融機関の休業日の場合は翌営業日）振込手数料は甲が負担
8	連絡先	本業務に関する担当者：三鷹太郎 TEL　　○○○－○○○－○○○○ MAIL　zait ⓐdef23sampul.com

第6章　◆　請負・業務委託の法律と実務ポイント　　255

【監修者紹介】
近藤　美穂（こんどう　みほ）
1975年生まれ。札幌市出身。社会保険労務士（埼玉県社会保険労務士会）。
金融機関での勤務時代に、正社員、派遣社員、パートタイマーとさまざまな立場での働き方を経験。パートタイマーの時に、病気により休職、その後復職をするが、会社の職場復帰支援がまだ整っていなかったことにより継続困難となり退職。その時の経験から社会保険労務士となり2021年に開業、両立支援コーディネーターとして復職や治療と仕事の両立支援を行う。
「会社も人も健康的に」をモットーに、身体やメンタルを壊さない働き方、人材の活用の仕方を目指す。
自身も仕事のほとんどをテレワークで行うとともに、さまざまな業種、雇用形態に対応できるテレワークの仕組みづくりに取り組む。また、近年増加している兼業・副業や高齢者就業、職場のハラスメント問題についての相談支援も行っている。

さきたま社会保険労務士事務所
https://sakitama-sr.com/

すぐに役立つ
入門図解
最新　パート、副業、高齢者雇用、派遣、請負契約の法律知識

2025年4月20日　第1刷発行

監修者	近藤美穂
発行者	前田俊秀
発行所	株式会社三修社
	〒150-0001　東京都渋谷区神宮前2-2-22
	TEL　03-3405-4511　FAX　03-3405-4522
	振替　00190-9-72758
	https://www.sanshusha.co.jp
印刷所	萩原印刷株式会社
製本所	牧製本印刷株式会社

©2025 M. Kondo Printed in Japan
ISBN978-4-384-04962-6 C2032

|JCOPY| 〈出版者著作権管理機構　委託出版物〉

本書の無断複製は著作権法上での例外を除き禁じられています。複製される場合は、そのつど事前に、出版者著作権管理機構（電話 03-5244-5088　FAX 03-5244-5089 e-mail: info@jcopy.or.jp）の許諾を得てください。